Hans-Joachim Eckstein

Von frisch verliebt bis wohlvertraut

Lass uns Liebe lernen

Hans-Joachim Eckstein

Von frisch verliebt bis wohlvertraut

Lass uns Liebe lernen

SCM
Hänssler

SCM

Stiftung Christliche Medien

Dr. Hans-Joachim Eckstein ist Professor für Neues Testament an der Evangelisch-theologischen Fakultät der Universität Tübingen.

FSC www.fsc.org
MIX
Papier aus verantwortungsvollen Quellen
FSC® C006701

12., neu bearbeitete und erweiterte Auflage von
»Lass uns Liebe lernen« 2014

Verlagsrecht dieser Ausgabe:
SCM Hänssler im SCM-Verlag GmbH & Co. KG
71088 Holzgerlingen
Internet: www.scm-haenssler.de; E-Mail: info@scm-haenssler.de

Die Bibelstellen wurden eigenständig übersetzt oder nach der Lutherbibel, revidierter Text 1984, durchgesehene Ausgabe in neuer Rechtschreibung 2006, © 1999 Deutsche Bibelgesellschaft, Stuttgart, zitiert.

Umschlaggestaltung: gobasil GmbH | gobasil.com
Satz: typoscript GmbH, Walddorfhäslach
Druck und Bindung: CPI – Ebner & Spiegel, Ulm
Gedruckt in Deutschland
ISBN 978-3-7751-5548-9
Bestell-Nr. 395.548

Gottes Liebe,
die wohl unsichtbar,
aber vollkommen ist,
wird für uns greifbar
in der menschlichen Liebe,
die zwar unvollkommen,
aber sichtbar ist.

VORWORT

»Was hat erotische Liebe mit Gott zu tun?« Für viele wird die spontane Antwort lauten: »Nicht viel! – und dies aus ganz verschiedenen Gründen. Vielleicht wird alles, was mit dem Glauben an Gott zu tun hat, als so lebensfern und unattraktiv eingeschätzt, dass der Bereich der Erotik mit all seinem Glanz und seiner Faszination damit kaum vermittelbar erscheint. Oder aber der Glaube wird so vergeistigt und weltabgewandt bestimmt, dass alles Geschöpfliche und Natürliche, alles Sinnliche und Emotionale, alle Lebensfreude und alles Genießen schon an sich als bedrohlich empfunden werden.

Ob aus Distanz zum Schöpfer des Lebens oder aus Entfremdung von den schöpfungsgegebenen Möglichkeiten der Lebensentfaltung, in beiden Fällen wird auseinandergerissen, was nach biblischer Tradition miteinander verbunden sein könnte – und sollte! Der partnerschaftlichen Bezogenheit der Menschen und der Verbindung von Mann und Frau zu einer neuen Einheit wird bereits in den ersten Kapiteln der Bibel gedacht, und der erotischen Beziehung wird mit dem ›Hohenlied der Liebe‹ ein ganzes Buch gewidmet. Umgekehrt dient die Erfahrungswelt der erotischen Zuneigung und der ehelichen Gemeinschaft schon den Propheten als Sinnbild der Beziehung, die Gott zu seinen Menschen aufnehmen und begründen möchte.

So wollen die folgenden Briefe, Gebete und Meditationen dazu anregen, sowohl über den Glauben als auch über die partnerschaftliche Liebe, sowohl über das Verhältnis zum Schöpfer als auch über die mit der Schöpfung geschenkten Lebensinteressen neu nachzudenken.

Ich widme das Buch nicht nur denjenigen, die frisch verliebt nach Worten für ihr Glück suchen, sondern auch denen, deren momentane Wirklichkeit dem ›Glauben an die große Liebe‹ und der ›großen Liebe zum Glauben‹ zu widersprechen scheint. Die Realität der Liebe gilt uns nicht nur, wenn wir sie gerade fühlen und begreifen können! Es gehört zum Faszinierenden an der Liebe, dass sie uns mitten in unserer Wirklichkeit zu überwältigen und zu überraschen vermag.

Hans-Joachim Eckstein

ALL YOU NEED IS LOVE – IST LIEBE ALLES?

Die Skala unserer Bedürfnisse, die alle gestillt werden wollen, ist sehr breit. Selbst wenn wir sie alle als befriedigt denken, bleibt ein unfassbarer Rest, eine Ursehnsucht oder ein Vakuum, für das der Glaube innerweltlich keine letzte Erfüllung sucht. Er weiß, dass er letztes Glück erst in der uneingeschränkten Gemeinschaft mit Gott selbst erreichen wird. Dieses Urbedürfnis – die absolute Sehnsucht – identifizieren wir allerdings gewöhnlich mit dem speziellen Verlangen, das gerade am stärksten ausgeprägt ist. Die totale Befriedigung und Erfüllung erwarten wir von dem, was im Moment am meisten benötigt wird.

Der Dürstende in der Wüste singt ›Liebeslieder‹ auf das Wasser und der Hungernde aufs Essen, der Gefangene auf die Freiheit und der Verschleppte auf die Heimat, ein Blinder auf das Sehen und ein Einsamer auf die Liebe: All you need is love – alles, was du brauchst, ist Liebe!

Der Vorteil dieser Konzentration auf das *eine* Bedürfnis leuchtet völlig ein; sie gibt die Energie, gegen die größten Widerstände anzugehen, um das Ziel zu erreichen, an dem wir mit uns selbst identisch sein können. Ins Negative schlägt es erst um, wenn uns diese berechtigte ›Einseitigkeit‹ im Augenblick der Erfüllung nicht bewusst wird. Weil der Heimkehrer *alles* von der Heimkehr erwartet, der Gefangene *alles* von der Freiheit und das Liebespaar *alles* von der Liebe, wird das Glück der Erfüllung von der Belastung der zu hohen Erwartung erdrückt. Wir werden zwangsläufig enttäuscht. Was bleibt, ist die »Melancholie der Erfüllung« (E. Bloch). Das Ziel ist erreicht, der Wunsch ist erfüllt – aber es bleibt ein Rest, das Wissen um ›mehr‹, die Sehnsucht nach dem Letzten. Doch daran glauben und darauf hoffen können wir zunächst nicht mehr.

Spätestens hier sollten wir uns im Glauben bewusst werden, dass Gott die letzte Realität ist, auf die hin wir angelegt sind, damit wir nicht nur im *Verlangen* nach Gott rufen – sondern auch in der *Erfüllung*. In der Not schreien wir zu Gott im Bewusstsein unserer Bedürftigkeit. In der ›Erfüllungsmelancholie‹ aber wollen wir zunächst gar nicht mehr an höhere Werte glauben, sondern sind unmotiviert, resignieren und haben die Tendenz zur Oberflächlichkeit – d. h. auch zum Vergessen Gottes.

Wir sollten es also lernen, in der Bedürftigkeit nicht nur *zu* Gott zu schreien, sondern auch *nach Gott selbst*, um *ihn persönlich* darin zu suchen und zu erleben. Dann werden wir auch die Erfüllung des Verlangens nicht durch falsche Erwartungen unnötig gefährden. Die Absolutheit der Sehnsucht ist durchaus berechtigt – aber nur als Sehnsucht nach Gott! Ist die Verwirklichung unserer Wünsche jedoch von der Last der absoluten Erwartung befreit, dann kann sie uns eine große Glückserfahrung, eine Ahnung des Umfassenden und eine ›Erinnerung an das Kommende‹ vermitteln.

Das tiefe Geheimnis der Befriedigung liegt in ihrer doppelten Möglichkeit: Sie stillt das Verlangen und befähigt zum Ausharren bis zur letzten Erfüllung in Gott und bei Gott selbst. Befriedigung erleben wir dann am tiefsten, wenn sie gleichzeitig Bedürftigkeit stillt und Vorfreude steigert, wenn sie zugleich Leid vergessen macht und Zuversicht eröffnet. Denn als tiefe Glückserfahrung vermag sie in einem zu beruhigen und zu motivieren.

LIEBE UND LEBEN

Ist Liebe wirklich alles,
was wir brauchen,
um erfüllt zu leben?

Ist sie nicht eher
nur einer von
vielen Aspekten eines
gelingenden Lebens?

Liebe ist nicht alles –
aber ohne Liebe
ist alles nichts.

GESCHENK UND GEBER

Die Ehe ist tatsächlich eine Beziehung zu dritt, wobei es mir widerstrebt, Gott als den ›Dritten‹ zu bezeichnen. Der Liebe ist die Frage der Rang- oder Reihenfolge vom Wesen her fremd, wenn es um die verschiedenen Beziehungen zu Gott, Ehepartner, Kindern und zur Umwelt geht. So wird die Frage auch immer da akut, wo unsere Beziehung zueinander und zu Gott nicht mehr stimmt – was sich meist gegenseitig bedingt. Obwohl unser Verhältnis zu Gott so anders ist, dass es gar keinen Grund gäbe, da etwas zu verwechseln und Erwartungen und Bereitschaften gegenüber Gott und dem Partner durcheinanderzubringen, müssen wir immer wieder neu Prioritäten setzen und Verhältnisse klären. An dieser Stelle aber sollten wir von Gott nicht als von dem ›Dritten‹ reden – er ist der ›Erste‹. Denn im Alltag lässt sich der Glaube in der Partnerschaft nur dann konsequent leben und entfalten, wenn gerade dieser Punkt von beiden Seiten vollauf bejaht wird.

Wenn die Welt als Schöpfung Gottes erkannt wird, dann hat sie als solche für die Menschen eine tiefe Bestimmung: Sie soll auf Gott als Schöpfer hinweisen! Die Ehe und die Erotik werden schon im Schöpfungsbericht zentral behandelt (1. Mose 2,18-25), und sie können als intimste, ganzheitliche Gemeinschaft zweier Personen wohl auch am direktesten an die Beziehung erinnern, die Gott zu seinen Menschen haben will. Wir können sagen, die erotische Liebe hat den stärksten ›Verweischarakter‹, weshalb die Bibel die Beziehung, die Gott zu seinem Volk und zur Gemeinde hat, gerne mit der Ehe vergleicht.[1] Am besten kann man das Verhältnis zwischen den Partnern und Gott vielleicht mit dem Verhältnis von *Geschenk* und *Geber* vergleichen. Wir machen ein Geschenk, um für den andern unsere Liebe greifbar auszudrücken. Das Geschenk hat Verweischarakter, denn es spricht von uns und unserer Liebe.

Einem Geschenk gegenüber erscheinen nun zwei Verhaltensweisen als absurd: Das *erste* Fehlverhalten besteht im *Verabsolutieren* des Geschenkes, dem Verleugnen oder Vergessen seiner eigentlichen Bestimmung. Besuche ich z. B. meine Frau im Krankenhaus, liegt es nahe, ihr etwas mitzubringen. Sagen wir, ich wähle – vielsagend, wenn auch wenig originell – rote Rosen und bringe sie ihr als Geschenk: »Du, ich liebe und schätze dich sehr, und das wollte ich dir durch die Blumen ausdrücken!« Sie würde sie entgegennehmen und sie ansehen, daran riechen und sie genießen. Nach einer Weile würde sie wohl aufsehen und mir danken, nicht nur für die Blumen, sondern vielmehr für die Liebe, an die sie durch die Aufmerksamkeit und Zuwendung erinnert wird.

Absurd wäre es hingegen, wenn sie sich während des ganzen Besuches nur um die Rosen kümmern würde und mich darüber völlig vergäße. Selbstverständlich freue ich mich mit ihr an der Schönheit meines Geschenkes, aber wenn die Blumen nur von mir ablenken sollten, hätten sie ihre eigentliche Funktion keineswegs erfüllt, denn ihr Verweis auf meine Liebe bliebe unerkannt.

Übertragen heißt das: Wir haben die Möglichkeit, die menschliche Liebe als ein Geschenk Gottes zu betrachten, das wir intensiv genießen und das die Botschaft in sich trägt, Ausdruck der großen Liebe zu sein, mit der Gott nach der Gemeinschaft mit uns verlangt. Verabsolutieren wir das Geschenk, dann erliegen wir einem Missverständnis, das zwangsläufig zur Enttäuschung führt – nämlich aufgrund der Überforderung des Geschenkes. Sowenig die Rosen in der Lage wären, meiner Frau ihren Mann zu ersetzen, sowenig ist die menschliche Liebe in der Lage, Gott und seine Liebe zu erübrigen.

Im Geschenk genießen wir zugleich auch den Geber, aber der Geber geht nicht im Geschenk auf; er ist keinesfalls mit ihm identisch. Das Geschenk ist nicht der Geber, aber es *verweist* auf ihn. Lassen wir es nicht transparent sein und bleiben wir in unserer Bedürftigkeit bei ihm stehen, dann ist das Geschenk überfordert und muss enttäuschen. Nehmen wir aber das Geschenk dankbar an und sind wir uns seiner Botschaft bewusst, dann machen wir den entscheidenden Schritt zum Geber selbst hin, wir transzendieren die unmittelbare Erfahrung. Und wir genießen ohne Spannung beides gleichzeitig und ineinander – nämlich Geschenk und Geber.

Das *zweite* Fehlverhalten wäre die *Verachtung* des Geschenkes – vermeintlich zugunsten des Gebers. Wieder im Bild gesprochen, hieße das: Meine Frau sähe die Rosen, nähme sie mir aus der Hand und würde sie in den Mülleimer werfen, ihre Arme um meinen Hals legen und sagen: »Ich liebe nur dich! Beweisen will ich dir das damit, dass ich jedes deiner Geschenke ablehne und alles außer dir selbst gering schätze.«

Ich weiß nicht, welche der beiden Reaktionen mich mehr verwirren und bekümmern würde; ich nehme auch nicht an, dass ich einmal in eine solche Situation kommen werde. Gott gegenüber haben wir uns freilich – vor allem in Bezug auf den Bereich der erotischen Liebe – fast seit Beginn der Christenheit überwiegend auf die zweite Weise verhalten. Dann meinen wir, Frömmigkeit äußere sich in radikaler ›Weltverneinung‹ und vergessen, dass wir den Vater Jesu Christi zugleich auch als den Schöpfer der Welt und – nicht zuletzt – der Ehe und Erotik bekennen. Das gegenseitige Erkennen und das Einswerden von Mann und Frau werden im Schöpfungsbericht doch keineswegs erst als Folge des ›Sündenfalls‹ beschrieben, wie einige vorauszusetzen scheinen. – »Gott schuf den Menschen zu seinem Bilde, ... als Mann und Frau schuf er sie« (1. Mose 1,27). »Darum wird ein Mann seinen Vater und seine Mutter verlassen und seiner Frau anhängen, und sie werden *ein* Fleisch sein« (1. Mose 2,24).

Die Verachtung alles Leiblichen hat seine Wurzel nicht etwa im Alten Testament und im Judentum, sondern vielmehr im Hellenismus – d. h. in den zeitgeschichtlichen griechischen Traditionen des ansonsten so kritisch beurteilten ›Heidentums‹.[2]

Es ist freilich verständlich, dass die Schwierigkeiten, das Versagen und die Spannungen, die gerade im Verhältnis zum anderen Geschlecht entstehen, zur Verachtung der Ehe und des Leiblichen überhaupt führen können. Wenn aber die Erlösung Jesu Christi in dieser Welt schon sichtbar werden soll, dann doch gewiss zuerst in der intimsten Gemeinschaft zweier Liebender. Wenn sich die ›neue Kreatur‹ überhaupt in der alten, gefallenen Schöpfung durchsetzen kann, dann doch am ehesten in der Ehe als der kleinsten Zelle der Gemeinde, in der sich zwei Menschen genießen und erkennen, sich beschenken und einander vergeben – und in all dem wechselseitig auf Gott hinweisen.

Gerade darin haben sie die größtmögliche Wirkung und Ausstrahlung für ihre Umgebung, dass sie die gemeinsam erfahrene Liebe Gottes auf diese Weise in die Schöpfung hinein bezeugen und widerspiegeln.

Ein Glaube, der Gott das Beschenken verbietet und sich weigert, ihm auch in seinen Geschenken zu begegnen, wird über kurz oder lang zu einer leeren Gottesidee verarmen, und dessen Liebesbekenntnisse werden zu abstrakten Formeln verblassen. Dies gilt freilich nicht nur im Bereich der erotischen Liebe, sondern umfassend für alle Lebensbezüge und persönlichen Beziehungen.

In der Liebe kommen wir durch die Aufmerksamkeit und Zuwendung des Liebenden diesem näher – indem wir seine Geschenke mit ihm genießen, sie weder verabsolutieren noch verachten, sondern in der Gabe den Geber erkennen und gerade so seiner Absicht und Hoffnung entsprechen.

BESONDERS GELIEBT

Das Besondere an
der *Liebe* ist,
dass sie dem Geliebten
das Bewusstsein seines
unermesslichen Wertes
und seiner
außergewöhnlichen
Bedeutsamkeit gibt.

Das Besondere an
der Liebe *Gottes* ist,
dass sie dieses
Bewusstsein der
Einzigartigkeit
jedem Einzelnen
unter Milliarden
von Menschen
zu schenken vermag.

SCHON VERLOBT

Es fällt mir schwer, mit dir zu leben, ohne dich zu kennen, dir treu zu sein, ohne zu wissen, ob es dich wirklich gibt. Es macht mich aber glücklich, es zu lernen; und ich weiß, dass es dich glücklich machen wird.

Wenn ich eine attraktive junge Frau treffe, schätze ich sie nach meinen Maßstäben ein, prüfe, ob sie die Qualitäten hat, meine Frau zu werden. Nun ist ja nichts dagegen einzuwenden, wenn ich dich suche und Schritte dazu unternehme, dich kennenzulernen. Aber darum geht es hier eigentlich nicht. Es ist vielmehr ein ›erotisches Taxieren‹, bei dem die Person und die Interessen meines Gegenübers eher eine untergeordnete Rolle spielen. Beginne ich einmal damit, verselbstständigt sich das einschätzende Verhalten leicht und lässt sich nicht einfach wieder abstellen. Meine Augen wandern dann die ganze Zeit – ob ich es mir eingestehe oder nicht –, als würde ich jemanden suchen. Letztlich weiß ich, dass ich eigentlich *dich* suche – aber *so* will ich dich nicht finden!

Doch selbst wenn es mir bei solchem abwägenden Verhalten um die ganze Person geht, fühle ich mich nicht recht wohl. Ich will nicht jede junge Frau nur mit meinen Augen sehen; ich will nicht, dass ihre Bedeutung und mein Interesse für sie nur davon bestimmt sind, ob sie eventuell meine Partnerin werden könnte. Ich will frei sein, unter Zurückstellung meiner eigenen Gedanken und Wünsche *ihr* – und wirklich ihr selbst und an sich – zu begegnen, so wie Gott sie in seiner Liebe sieht und sie sich selbst zu sehen sucht.

Dieses Verhalten des oberflächlichen ›Taxierens‹ beobachte ich auch bei verheirateten Männern und stelle mir vor, wie du es wohl bei mir empfinden würdest. Ich denke, ja hoffe, es würde dir etwas ausmachen, denn ich freue mich auf deine ›Eifersucht aus Liebe‹ – sie vermittelt mir Bedeutsamkeit und Wertgefühl. Aber wird es dir egal sein, wie ich mich verhalten habe, bevor ich dich kannte? Werde ich das eingeschliffene Verhalten des ruhelosen Suchens und Einschätzens mit Beginn unserer Beziehung von selbst verlieren? Wohl kaum! Also kann ich auch auf diese Weise meine Verlobung mit dir schon jetzt üben.

Ich merke, dass ich sehr ausgeglichen bin, wenn ich die Zeit bis zu unserem Kennenlernen nicht negativ als ›Noch-nicht-verheiratet-Sein‹, sondern positiv als ›Schon-verlobt-Sein‹ erlebe und gestalte. Die momentane Lebensphase auch dafür zu nutzen, mich auf dich und unsere Beziehung konstruktiv und konsequent vorzubereiten, lässt mich dynamischer und erfüllter leben als die dauernde Fixierung auf das lähmende ›Noch-nicht‹.

DIE GANZ GROSSE LIEBE

Wenn wir uns an einen
anderen Menschen hängen,
weil uns die Suche
nach uns selbst
zu mühsam ist,
dann haben wir ihn
schon verloren,
bevor wir ihn
gefunden haben.

Wenn wir aus Selbsthass
in die Liebe zu einem
anderen Menschen fliehen,
dann wird unsere Liebe zu ihm
in Hass umschlagen,
sobald er uns und somit
zu uns selbst gehört.

Wenn sich unser
Ideal von Liebe
nur in Erwartungen
an den anderen äußert
und nicht in unserer

Bereitschaft für ihn,
dann werden wir auf die
Bereitschaft eines anderen
wohl umsonst warten.

Wenn ... ja, wenn
das alles so ist,
dann sollten wir wohl
mehr von uns erwarten
als von der großen Liebe –
das erwartet
die Liebe von uns.

ENTSCHEIDEN

GEBET:

Herr, heute ist meine Bitte um deine Führung bei der Wahl meiner Frau konkret und dringend. Meine Gefühle zu ›ihr‹ kann ich nicht so einfach wie bisher beiseiteschieben und mit vernünftigen Argumenten relativieren. Der Unterschied zu sonst liegt vor allem darin, dass ich mich nicht erst auf Distanz – wie man so sagt: ›blind‹ – verliebt hatte und anschließend versuchte, Kontakt zu ihr aufzunehmen. Sie war mir von Anfang an im tiefsten Sinne vertraut, sympathisch und anziehend, und im Gespräch hatten wir uns zunehmend viel zu sagen. Das Enträtseln ihrer Person führt nicht zu Enttäuschung und Distanz, sondern macht sie mir geheimnisvoller, interessanter und wertvoller. Ich kann bei ihr gar nicht trennen zwischen Eigenschaften, die sie für mich reizvoll machen, und Eigenarten, die ich eben in Kauf zu nehmen habe. Die Faszination lebt nicht nur von irgendwelchen bestimmten Qualitäten, auf die sich meine Zuneigung gründen würde; sie interessiert mich insgesamt als Person. Es mag seltsam klingen, aber sie erscheint mir als ›der erste Mensch‹, dem ich so bewusst und umfassend begegne. Obwohl sie sich wahrscheinlich nicht völlig von allen anderen Frauen unterscheiden wird, sehe ich in ihr ›die Frau‹. Dabei komme ich mir ein bisschen wie Adam vor, als er seine Eva das erste Mal erblickte: »Das ist doch endlich Gebein von meinem Gebein und Fleisch von meinem Fleisch. Man wird sie ›Männin‹ nennen, weil sie vom Manne genommen ist« (1. Mose 2,23).

Herr, ich bitte dich, dass du mich bei aller persönlichen Begeisterung klar sehen und verantwortlich entscheiden lässt. Du weißt, wie sehr ich in dieser Situation voreingenommen bin. Ich komme zu dir, um nach deinem Willen zu fragen, dich um deine Begleitung zu bitten und um vor dir den vernünftigen Abstand zu gewinnen. Ich weiß, dass wir in dieser Welt in unseren Entscheidungen nie letzte Gewissheit haben werden und dass wir auch bei bester Absicht fehlbar bleiben. Wegen meiner persönlichen Betroffenheit und meiner emotionalen Beteiligung und in Hinsicht auf die große Verantwortung füreinander erscheint mir das Erkennen deines Führens jetzt aber ganz besonders schwierig.

Ich kenne Männer, die passiv auf eine ›schicksalhafte Führung‹ vertrauten und untätig warteten, dass ihnen die Dame ihrer Wahl wie von selbst ›in den Schoß fällt‹. Sie erwachten von ihrem Traum dadurch, dass ein anderer kam, der mehr Mut und Initiative entwickelte und sie ihnen vor der Nase ›wegschnappte‹. Sie selbst nahmen dann schließlich irgendeine andere zur Frau – die ihrerseits eigentlich auch etwas anderes verdient hätte. Nach allem war ihnen das Thema ›Führung‹ wohl genauso verleidet wie der Traum von der großen Liebe.

Glücklich bin ich, dass deine Liebe meine Persönlichkeit entfalten will und mich nicht als willenlose Marionette behandelt. Ich bin auch dankbar, dass dein Heiliger Geist nicht meine menschlichen Fähigkeiten und Gaben übergeht, sondern sie fördert und entwickelt. Ich gebe aber zu, dass es mir in solch lebensentscheidenden Situationen manchmal lieber wäre, ich könnte meinen eigenen Willen und meine selbstständige Entscheidung in meiner Liebe zu dir für eine Zeit an dich abtreten und unbeteiligt auf dein Handeln warten.

Den entgegengesetzten Fehler habe ich allerdings genauso oft angetroffen: Männer, die ihren eigenen, egoistischen Interessen nachgingen und dabei unverfroren alles mit dem Etikett ›Führung‹ und ›Gottes Wille‹ versahen. Unverantwortlich wurde es spätestens, wenn sie auch noch versuchten, die ›Auserwählte‹ mit dem ihnen vermeintlich offenbarten Willen Gottes unter Druck zu setzen. Herr, lass mich dein Reden und Wirken niemals zu meinen egoistischen Zwecken missbrauchen oder gar andere durch meine anmaßende Berufung auf dich irritieren und bedrängen. Nicht nur in dieser Situation, sondern grundsätzlich will ich für dich leben und für deinen Plan mit dieser Welt bereit sein. Ich will die Menschen, die mir begegnen, mit deinen Augen sehen. Umso mehr bitte ich dich nun bei der Wahl meiner Partnerin, dass ich mich in der Offenheit für deinen Willen entscheiden mag. Ich gehöre zu dir, Herr, und als dein Eigentum bitte ich dich, dass du mich bewahrst.

Positive Beispiele deiner Führung habe ich persönlich schon genug erlebt, um von ihnen profitieren zu können. Bei meiner Ausbildungs- und Berufswahl gebrauchte ich meinen Verstand und habe im Gebet alles abgewogen, sprach mit anderen und informierte mich ausführlich, versuchte, mir über meine Gefühle und Neigungen klar zu werden, und habe mich schlussendlich nach bestem Wissen entschieden. Als ich meine Wahl traf, hatte ich von dir selbstverständlich keine unzweifelhafte Antwort und keinen handfesten Beweis für die Richtigkeit erhalten, sondern ich ging im Vertrauen auf deine fördernde und kritische Begleitung Schritt für Schritt meinen Weg. Heute kann ich diese Entscheidung als gut und richtig beurteilen! Damals aber hatte ich nur die Hoffnung, dass ich das in deinen Augen Richtige tue, und die Gewissheit, dass du mich in jedem Fall nicht verlassen wirst – und wählte.

Es mag Fälle geben, in denen jemand vorher genau weiß, dass seine Entscheidung richtig ist, für mich aber bleiben das selbstkritische Fragen und die Ungewissheit oft noch über die Festlegung hinaus. Jedenfalls bin ich auf diese Weise weniger versucht, dich gleich wieder zu vergessen und ohne dich weiterzulaufen – gleich einem stürmischen Kind, das schon selbst zu wissen meint, wo es hingeht, und unbedacht losrennt. Das umfassende Vertrauen zu dir, das aufrichtige Bemühen um die richtige Lösung und die eigene Offenheit für den Ausgang der Entscheidung scheinen mir nach allem zu der Suche nach deinem Willen dazuzugehören.

Über die ›vernünftigen‹ Argumente für und wider denke ich auch jetzt sehr viel nach. Die Hauptarbeit besteht freilich darin, die wirklich vernünftigen Gründe von den Vorurteilen und traditionellen Mustern zu trennen. Ich erschrecke, wie unreflektiert ich teilweise noch lebe, geprägt von herkömmlichen Vorstellungen und Werten meiner Erziehung und meiner Umgebung. Wie wenig habe ich sie in den zurückliegenden Jahren meines Glaubens an dich schon aufgearbeitet und sortiert! Mache mich frei, Herr, allein nach den Kriterien zu urteilen, die ich durch dich und deine Liebe gewonnen habe und zu denen ich bewusst stehen kann.

Was mir ihr gegenüber das größte Vertrauen gibt, ist unsere Harmonie in der Beziehung zu dir. Das hängt freilich auch mit ihren seelischen Eigenschaften und geistigen Vorstellungen, ihrem ›Frau-Sein‹ überhaupt zusammen. Sie ist diejenige, bei der ich ganz so sein kann, wie ich sonst nur vor dir bin, bei der ich zu dir sprechen kann, als wäre niemand dabei – und gerade das macht unsere Gemeinschaft so reich. Bei ihr spüre ich keine Vorbehalte, wenn ich von meinem Glauben und meinem Leben für dich spreche, sondern Begeisterung und Anerkennung. Sie zeigt mir die Inkonsequenzen meines eigenen Denkens und Handelns auf und hilft mir, dich zu finden. Unsere Vorstellungen von unseren Aufgaben und unserem Leben entsprechen sich, und unsere Fähigkeiten könnten sich gut ergänzen. Vor allem liegen auch unsere Eigenarten und Schwächen so, dass wir uns gegenseitig auffangen können. Wir mögen uns leiden!

Während ich das schreibe, kommt es mir so vor, als hätte ich die Entscheidung schon längst endgültig getroffen. Es können aber gleichwohl sehr viele Gründe dagegensprechen, die ich jetzt verdränge. Bitte mache uns wahrhaftig in unserem Urteil!

Das größte Problem liegt beim Kennenlernen selbst und der Bindung, die dadurch unwillkürlich entsteht. Ich weiß, wie leicht man in eine

Bindung ›hineinrutscht‹ und anschließend nur unter Schmerzen – zumindest für einen Teil – wieder auseinanderkommt. Für meine Frau will ich mich aber bewusst entscheiden, will mich nicht nur an sie gewöhnen, sondern sie *lieben* lernen.

Unser Entschluss, Zärtlichkeiten und sexuellen Kontakt zurückzustellen, bis wir verbindlich wissen, was wir wollen, ist ein Schritt, wirklich frei zu bleiben für unsere bewusste Entscheidung. Auch die Gespräche mit anderen Menschen, zu denen wir Vertrauen haben, empfinde ich als Hilfe, immer wieder Abstand und Übersicht zu gewinnen. Herr, hilf uns, dass wir für Fragen zugänglich und für den Ausgang offen bleiben bis zum beidseitigen ›Ja‹ zu unserer Bindung und dass wir einander ein ›Nein‹ wirklich noch einräumen, um den anderen nicht gegen seinen Willen zu binden.

Wenn ich daran denke, mich für die Bindung an sie zu entscheiden, melden sich aber auch noch Bedenken. Teilweise kann ich sie durchaus meinem Egoismus zuordnen, der für das Alleinbleiben und die Unverbindlichkeit plädiert und dem ›Single-Dasein‹ nachtrauert.

Was war ich denn als ›freier Mann‹, wenn nicht irgendein ›weibliches Wesen‹ am Horizont mein Leben bestimmte – konkret, im Traum oder zumindest als Idee? Das Zurückschrecken vor der Verantwortung, die mit dem kleinen Wort »Ja« plötzlich auf mir liegt, fördert auch meine Tendenz, die Entscheidung noch eine Zeit lang vor mir herzuschieben.

Ich habe aber durchaus auch einen ernst zu nehmenden Respekt vor der Endgültigkeit unseres Bundes. Kann ich für meine eigene zukünftige Entwicklung garantieren? Kann ich wissen, wie sie in Jahren einmal denken, glauben und leben wird? Mir ist wohl bewusst, dass wir uns die Treue geloben wollen, »bis der Tod uns scheidet«, und nicht, »bis die Ehe uns tötet«, dass wir »in Freude *und Leid*« verbunden sein werden, nicht aber auf »Gedeih *und Verderb*«. Und dennoch kenne ich keine Lebenssituation, die mir bei aller Vorfreude zugleich auch so viel Angst macht. Herr, wir werden uns früher oder später endgültig entscheiden und wollen es im Vertrauen auf dich tun. Führe du uns, dass jeder von uns selbstständig seine eigene Entscheidung trifft.

Mir ist wichtig, dass sie glücklich sein wird. Wenn ein anderer Mann sie besser ergänzen kann, ihr mehr Liebe schenken kann und ihr mehr entspricht, will ich bereit sein, sie loszulassen. Ich kann mir jetzt nicht vorstellen, eine andere Frau zu heiraten, und ich weiß auch, dass solche Gedanken sehr gewollt »objektiv« wirken, aber es hilft mir in dieser aufregenden Situation mehr, vom Kopf her zu leben, als mich von meinen Gefühlen einfach treiben zu lassen. Wenn ich von ihrem Glück und ihren Interessen ausgehe, fällt mir die Offenheit für den Ausgang gedanklich leichter. *Sie* soll glücklich sein und dir näherkommen. Wenn das geschieht, hat meine Liebe in jedem Fall ihr höchstes Ziel erreicht!

BEZIEHUNGS-WEISE

Die Fähigkeit, selbstständig
und allein zu leben, ist eine
notwendige Voraussetzung
für eine gelingende und
ausgeglichene Beziehung;
und für ein versöhntes und
erfüllendes Leben allein
ist die Beziehungsfähigkeit
die beste Grundlage.

Beide Lebensformen
können wir zwar jeweils
auch aus Angst und Sorge,
aus Verlegenheit oder
empfundener Unfähigkeit
zur Alternative wählen;
aber als harmonisch und
beglückend erleben wir
das Alleinsein als die
zur Beziehung Befähigten
und die Beziehung als die
zur Selbstständigkeit Bereiten.

TREUE

»Du bist mein geliebter Sohn, an dir habe ich Wohlgefallen. Und sofort trieb ihn der Geist hinaus in die Wüste ... und er wurde versucht« (Mk 1,11-13).

GEBET:

Kaum warst du, Jesus Christus, bei deiner Taufe vom Vater überwältigend bestätigt worden, da musstest du bereits den Weg der Einsamkeit und des Leidens antreten – hinaus aus der Anerkennung, der ungebrochenen Erfahrung und dem unmittelbaren Sehen – hinein in das Vertrauen, das Erkennen ohne Erweise des anderen, in die Treue, die nur auf Liebe gründet, in das liebende Festhalten an dem, um dessentwillen du leiden musst, in die Entschlossenheit und Ausdauer, in der du völlig verlassen scheinst – sogar von dem, den du liebst –, in die größte Einsamkeit, die es gibt, in die Einsamkeit der Liebe. – »Mein Gott, mein Gott, warum hast du mich verlassen?« (Mk 15,34).

Herr, ich weiß nicht, ob wir in unserer Liebe zu dir oder auch in der Liebe zueinander je in die Situation des größten Zweifels und der äußersten Anfechtung kommen werden, aber auch schon in den alltäglichen Situationen ahnen wir etwas von der ›Einsamkeit aus Liebe‹, der ›Traurigkeit des Alleinseins‹ und der ›Treue im Vertrauen‹. Lehre uns gerade auch in der Situation der Verunsicherung und des scheinbaren Verlassenseins, unbeirrt zu bleiben in unserer Liebe![3]

EINE FRAGE DER PERSPEKTIVE

Bei jedem Blick
in einen Spiegel
sollten wir bedenken,
dass wir uns
unter Absehung
der Liebe immer
›spiegel-verkehrt‹
sehen werden.

Könnten wir uns
nur eine Sekunde
mit den Augen der
Liebe Gottes sehen,
dann hätten sich
unsere Selbstzweifel
gleich für eine
ganze Ewigkeit gelöst.

1. Kor 13,12

LIEBE IST …

Liebe ist
mindestens
dreidimensional:

Du-bezogen,

wir-gewiss

und

selbst-bewusst.

WAS DICH VON ANDEREN UNTERSCHEIDET

Du bist der erste Mensch, der mich *so sehr liebt* und der so sehr *mich* liebt. Es gibt viele Menschen, die mich lieben, aber ich habe nicht selten Angst bei ihrer Liebe, Angst davor, dass sie einmal wirklich *mich* entdecken und erschrecken könnten. Ihre Zuneigung wird vielleicht in Abneigung umschlagen, wenn sie neben meinen Stärken und Tugenden nicht nur meine Schwachheit erkennen, sondern auch meine persönlichen Grenzen und Eigenarten, meine Fehler und meine Schattenseiten.

Es gab vor dir schon andere Frauen, die an mir Interesse hatten, aber oft spürte ich, dass sie letztlich nicht mich persönlich meinten. Bei manchen kam ich mir eher als Antwort auf *ihre* Fragen und als Platzhalter für ihre *eigenen* Bedürfnisse und Träume vor – es hätte aber sicherlich auch manch anderer Mann diese Rolle übernehmen können. Einige meinten vielleicht schon meine Person – aber nicht mich selbst. Sie versuchten dauernd, an mir herumzuformen und mich zu verändern. Meine Lebensziele, mein Verständnis von Glauben, meine Stärken und Gaben wollten sie immer wieder ihren Verhältnissen und Interessen anpassen, und sie begannen, Dinge an mir zu fördern, die mir selbst eher als untergeordnet oder sogar als unwesentlich erschienen. Bei allem Bemühen und Reden fühlte ich mich nur zunehmend unverstanden.

Ich erlebe, dass du in deiner Liebe den ›Willen zu mir‹ hast, dass du beim Enträtseln meiner Person nicht ernüchtert und enttäuscht wirst, sondern dich über jede Entdeckung freust. Weil du mich so stehen lässt, wie ich bin, und willst, dass ich ›ich‹ bin, habe ich den Mut, mich dir anzuvertrauen, mich deiner Kritik auszusetzen, meine Ziele und Vorstellungen, mein Verhalten und meine Eigenarten von dir hinterfragen zu lassen. Du kamst nicht, um mich zu verändern, aber gerade deshalb gibt es niemanden, der mich so leicht beeinflussen kann. Ich fühle mich von dir voraussetzungslos und bedingungslos angenommen, aber gerade damit erweist sich deine Liebe bei mir als äußerst folgenreich. Und jedes Mal, wenn ich mich mithilfe deiner Perspektive aus einem neuen Blickwinkel sehe, habe ich den

Eindruck, mir selbst einen Schritt näher gekommen zu sein.

Manchmal spüre ich selbstverständlich auch, wie du – je nach Situation und Stimmung – doch ein bisschen manipulieren willst, um unter der Hand deine eigenen Interessen durchzusetzen. Aber ich lerne durchaus, zu unterscheiden, mich rechtzeitig zu schützen und dich darauf anzusprechen, sodass dich die große Verantwortung bei so viel Offenheit und Verletzlichkeit nicht erschrecken muss. Unsere Liebe hält durchaus auch unsere Unzulänglichkeiten aus.

Darüber hinaus hilft mir auch die aufrichtige Kritik anderer, uns beide zu hinterfragen und immer wieder neu zu prüfen; ihre Zuwendung und Anerkennung bewirkt eine ähnliche, wenn auch weniger umfassende Erfahrung von verändernder Annahme und versöhnender Verwandlung. Bei allem bleibt es aber dabei: Du bist der einzige Mensch, der mich *so sehr liebt* und der so sehr *mich* liebt!

BEZIEHUNGSGEWISSHEIT

Nur die Liebe kann uns
glaubhaft vermitteln,
dass wir einzigartig
und bedeutsam sind.

ICH KENNE DICH!

Wenn ich meine,
einen Menschen
genau zu kennen,
habe ich aufgehört,
ihn zu lieben.

Denn schon beim Erwachen
und Wachsen der Liebe
gründet das Interesse
für die Wünsche, Überzeugungen
und Erfahrungen des anderen
nicht in der Einzigartigkeit
und Unvergleichlichkeit
seiner Qualitäten,
sondern in meinem Interesse
an seiner Person.

Die Liebe lebt nicht von der Neuheit,
sondern die Neugierde und Offenheit
für den geliebten Menschen
lebt von der Liebe.

FORDERUNGEN

Entschuldige, wenn ich unser Verhältnis mit falschen Forderungen belaste, die du nicht erfüllen kannst oder willst. Oft beginnt es mit der durchaus positiven und dankbaren Erinnerung an etwas, was du mir getan oder geschenkt hast. Auch der nächste Gedankenschritt ist in der Liebe noch zulässig: »Ich freue mich auf diesen Tag, denn es ist nicht ausgeschlossen, dass ich sie erlebe, dass sie kommt, anruft oder schreibt, dass sie ihre Liebe irgendwie ausdrücken wird.« Dieser Gedanke kann mich beim Aufstehen durchaus positiv motivieren.

Entscheidend wirkt es sich allerdings dann aus, wie ich beim ›Zähneputzen‹ weiterdenke: »Danke, Herr, für ihre Liebe, die mich wie nichts anderes an dich erinnert. Danke, dass ich auf dich und auf sie warten kann und die Vorfreude auf euch mich befähigt. Danke, dass nicht nur die Geschenke an sich mich beglücken, sondern in ihnen auch du selbst. Ich will, Herr, für dich leben und sie glücklich machen. Zeige mir heute Wege, dir näherzukommen, und Möglichkeiten, sie zu erfreuen!« Dann ist der Tag eigentlich schon positiv gelaufen, das Lebenszeichen kommt oder kommt nicht – jedenfalls ist es nicht ›lebensnotwendig‹. Vielleicht schreibe ich auch selbst einige Zeilen und nehme so meine Erwartung zum Anlass, meinerseits zu tun, was ich mir von dir erhoffe.

Aber wehe mir, wenn es beim ›Zähneputzen‹ erst einmal andersherum geht: »Es könnte wirklich heute ein Brief kommen, meiner ist doch schon vor vier Tagen abgegangen. Vielleicht schickt sie sogar ein Päckchen und bereitet mir eine Überraschung, wie vor einigen Wochen – es wäre wirklich wieder mal an der Zeit, wo ich doch erst neulich ...« Der Tag ist meist schon dahin, bevor er richtig anfängt. Kommt der Brief, bin ich wahrscheinlich enttäuscht, weil er von meiner Erwartung völlig überfrachtet ist. Meist kommt er aber nicht – was in diesem Fall auch ganz gut ist. Weil ich den Liebeserweis mit der Liebe selbst identifiziert habe, bin ich niedergeschlagen und schmolle wie ein kleiner Junge über den ›Liebesentzug‹. Es hat mich schon oft erstaunt, wie Briefe und sonstige ›Geschenke‹ tage- und wochenlang nicht kamen, bis ich ›die Kurve bekommen hatte‹. Wenn mein Verhältnis zu Gott und entsprechend auch zu anderen wieder in Ordnung war, hatte ich meine absolute und diffuse Erwartungshaltung korrigiert, und ich fand wieder zur Hoffnung auf den Geber selbst.

Auch wenn du es nicht immer zu spüren bekommst, habe ich dir das Schenken schon oft durch meine unverschämten Ansprüche schwer gemacht. Denn was ich von dir fordere – auch wenn es nur gedanklich ist –, kannst du mir schon nicht mehr aus freien Stücken schenken. Du kannst mir darin nur noch ›gehorchen‹ und meinen Wünschen ›nachkommen‹. Ich will es üben, meine eigenen Erwartungen weder fordernd durchzusetzen noch zu verdrängen, sondern sie in Bereitschaft umzusetzen, um dich auf diese Weise sogar ›durch meine Forderungen‹ glücklicher zu machen.

Liebe gibt weit mehr, als gefordert wird, aber sie will nicht mehr fordern, als der andere zu geben bereit ist!

GEWINNENDE LIEBE

Wo außer in der Liebe
gewinnst du durch Geben
und wirst durch Teilen reicher?

LIEBE DEINEN NÄCHSTEN WIE DICH SELBST!

Eine negative
Selbstbeziehung
ist keineswegs
die Grundlage
für eine positive
Liebesbeziehung;
und wer sich selbst
gering schätzt,
dem fehlt für die
Hochschätzung
des Gegenübers
eine entscheidende
Voraussetzung.

Die Liebe hat
wohl die Demut
zur Schwester,
aber keinesfalls die
Selbstverachtung
zur Mutter.[4]

NACH- ODER ENTGEGEN-SCHAUEN

Liebe bewirkt unweigerlich Hoffnung und Zuversicht. Wenn wir uns für eine Zeit trennen müssen, wird mir unser Verhältnis zueinander und zu Gott daran deutlich, ob wir zuversichtlich sind oder resignieren wollen, ob wir uns eher von der bleibenden Beziehung bestimmen lassen oder von der vorübergehenden Trennung. Im Bewusstsein der Liebe freue ich mich schon beim Abschied auf deine Ankunft oder meine Rückkehr. Ich schaue nach vorne – und nur dann zurück, wenn ich mich dankbar erinnere und dies im Gebet oder in Briefen ausdrücke. Ich möchte nur insoweit in die Vergangenheit zurückblicken, als es mich vorwärtsbringt.

Dann lebe ich sehr intensiv und möchte möglichst viele meiner Aufgaben erledigen, mich auf das Wesentliche konzentrieren und meine Tage sinnvoll gestalten, Bibel lesen und gute Gespräche führen. Wenn wir schon nicht zusammen sein können, will ich wenigstens entsprechend konsequent leben und arbeiten, damit die Trennung ihren Preis wert ist. Mir widerstrebt es, Zeit zu verschwenden, weil ich sie so teuer bezahle.

Mögen wir uns noch viel öfter beim Abschied nicht nachblicken und das Nachsehen haben, sondern entgegenschauen und das Wiedersehen im Auge behalten.

DIE ZUVERSICHT DER LIEBENDEN

Wer liebt, der
kann auch hoffen,
selbst wenn er Grund
zur Sorge hat.

Wer sich aber der
Liebe verschließt,
dem bleibt selbst
bei offener Zukunft
noch die Hoffnung
verschlossen.

DIE BLUME

Wenn ich eine Blume finde, die mir besonders gut gefällt, pflücke ich sie gerne und nehme sie mit, stelle sie zu Hause in eine Vase oder stecke sie am Ende des Spaziergangs irgendwohin. Warum? Weil sie schön ist, mich erfreut und ich sie gerne einige Zeit bei mir habe – ich mag sie.

Aber mag ich sie wirklich, oder schätze ich nur ihren Reiz? Wozu pflücke ich sie denn, wenn ich sie mag? Sie würde doch an ihrem Ort viel länger blühen als gepflückt in meiner Hand. Nein, ich muss zugeben, indem ich sie pflücke und sie nur für mich haben will, liebe ich eigentlich nicht die Blume, sondern eher mich selbst und mein Glück. Darum sollte ich sie also konsequenterweise stehen lassen und weitergehen, nachdem ich sie angeschaut, an ihr gerochen und sie genossen habe – ohne ihr zu schaden.

Du bist die erste Blume, bei der ich beides nicht kann. Weder mag ich dich für mich pflücken, weil es dir wehtun und schaden, dir deine Größe, Selbstständigkeit und Schönheit nehmen würde, noch mag ich einfach weitergehen und dich vergessen, weil du mir viel mehr bedeutest als andere Blumen. Ich würde bei meinem Weitergehen sehr viel verlieren und könnte mich an anderen Blumen gar nicht recht freuen, weil sie mich schmerzlich an dich erinnern würden.

Warum will ich denn weiter, nachdem ich dich gefunden habe, dich, die ich in den anderen Blumen ahnte? Nein, ich bleibe bei dir, will mich neben dich setzen und dich beschützen – vor dem Wetter, das dir zusetzen könnte, und vor anderen Menschen, die dich gedankenlos pflücken oder zertreten könnten, weil sie gar nicht sehen, wie kostbar und schön du bist. Dabei bleibt mir viel Zeit, dich anzuschauen, dich zu streicheln und zu genießen – und du wirst durch meine Liebe länger und schöner blühen, als du es ohne mich gekonnt hättest. Das freut mich besonders. Du sollst zur Freude Gottes blühen und andere Menschen durch deinen Duft an ihn als Schöpfer erinnern, Wegweiser zu seiner Güte und Liebe sein. So wollen wir zusammenbleiben – zu schön bist du, um nur für mich zu blühen.

FEST IM GRIFF

Wer von etwas wirklich
ergriffen ist,
der kann auch loslassen.

FREI ODER GEBUNDEN?

Die Liebenden sind frei
und gebunden zugleich.

Sie können gehen, aber
sie wollen bleiben.

Sie können sich schützen,
aber sie wollen sich öffnen.

Sie haben ihre Rechte,
aber sie leben ihre Liebe.

Sie gehören sich selbst,
aber sie geben sich hin.

Wohl dem, der niemandem gehört,
aber jemanden hat, dem er zugehört.

KRITIK

Weil echte Liebe wirklich den anderen meint und nicht die eigenen Gefühle, scheut sie nicht davor zurück, den anderen auch zu kritisieren, wo es notwendig ist. Leider laufe ich Gefahr, dich gerade da zu kritisieren, wo es nicht ›not-wendig‹ ist, weil es keine Not wendet, sondern dir nur neue bereitet. Das kann daran liegen, dass mir etwas an dir nicht gefällt, was aber durchaus zu dir gehört – nicht als Eigenart oder Schwäche, sondern als neutrale oder sogar positive Eigenschaft, die ich in meinem Egoismus aber gerne beseitigen würde.

Häufig ergibt sich mein Drang zum kritischen Urteilen auch einfach daraus, dass ich übermüdet, gereizt und unausgeglichen bin und die Kritik mir als ›Überdruckventil‹ für meine Aggressionen dient. Glücklich bin ich allerdings bei dieser Form der Übertragung anschließend nie. Lass dich bitte in solchen Situationen nicht auf Diskussionen ein, sondern versuche, mich auf meine eigenen Probleme zu lenken und meine momentane Bedürftigkeit zu fassen. Wenn du mich in meiner Schwachheit ansprichst, merke ich gewöhnlich bald, dass das Problem in Wahrheit nicht bei dir, sondern in mir liegt, dass es an der Zeit ist, meine Wut *bei* dir auszuklagen, anstatt sie *an dir* auszulassen. Hast du den Eindruck, dass mir meine Kritik an dir leichtfällt, sei vorsichtig, denn dann wird sie kaum wahrhaftig sein.

Am meisten scheinen wir einander zu helfen, wenn wir uns gegenseitig erzählen, was uns am Verhalten des anderen gefreut hat. Wenn du deinem Glück Ausdruck verleihst, merke ich, dass mein Mühen nicht umsonst ist, und bin neu motiviert, dich durch mein Verhalten zu ›beschenken‹. Was dir nicht so gefällt, ergibt sich zudem von selbst als das Gegenteil dessen, was dich glücklich macht. Mir fiel schon auf, dass du auf diese Weise meine Anschauung über bestimmte Dinge herausbekommen hast, ohne dass ich sie dir ausdrücklich gesagt hatte.

Es gibt aber auch Situationen, in denen mich deine direkte Kritik nicht ›kränkt‹ – auch wenn sie sehr ›wehtun‹ mag. Wenn ich dich von mir aus frage, wo ich dich verletzt, bloßgestellt oder übergangen habe, und du Ereignisse andeutest, die du zuvor nicht angesprochen hattest, dann hat deine Kritik die stärkste Wirkung. Dein Warten-Können drückt in diesem Fall deine Wertschätzung und deine Geduld mit mir aus. Es fällt mir dann viel leichter, für deine Kritik offen zu sein und nicht gleich wieder alles vor mir selbst zu relativieren, umzudeuten und zu entschuldigen.

Das soll dich aber keinesfalls an deiner direkten Kritik an mir hindern. Ich will durchaus bei meinen eigenen Wertmaßstäben behaftet werden. Jeder Schritt, jedes Wort und jeder Gedanke sollten eigentlich ein Ausdruck unseres Glaubens und mit ihm vereinbar sein. Du erzählst mir oft, was du bei dir selbst als Inkonsequenz siehst oder was du dir für die folgende Zeit als Ziel steckst. Mein Mitwissen sei dir, wie du sagst, eine Hilfe, selbst wenn ich nicht da bin. Das erfahre ich umgekehrt auch bei mir.

Aber es gibt auch Situationen, da weiß ich sehr wohl, dass das, was ich vorhabe, überflüssig oder falsch ist, und habe dennoch nicht die Willensstärke, es auch zu lassen. Dann kann ein fragender Blick oder ein entsprechendes Wort deinerseits den Anlass geben, mich zu besinnen und mir selbst treu zu bleiben. Der Gedanke daran, dass ich ein bestimmtes Verhalten im Gespräch mit dir später wieder selbst verurteilen werde, hat mich schon vor mancher Fehlentscheidung bewahrt. Wenn ich weiß, dass wir abends den Tag gemeinsam besprechen werden, lebe ich bewusster und gewinne schon in der Entscheidungssituation eine kritische Distanz zu mir selbst.

An diesem Punkt kann ich auch die positive Bedeutung eines letzten Gerichtes für die Gläubigen begreifen. In der Liebe macht das Wissen um einen späteren kritischen Rückblick – einschließlich der Verurteilung meines Fehlverhaltens und Versagens – nicht Angst, sondern Mut!

DIE LIEBE ERTRÄGT ALLES

Wenn wir einander
in Liebe ertragen,
dann trägt uns
in Wahrheit die Liebe.

1. Kor 13,7; Gal 6,2

DAS RÜHMEN DER LIEBE

Es gehört zum
Wesen der Liebe,
dass sie sich als
selbstverständlich
empfindet.
Sie rühmt sich dessen,
den sie liebt,
aber nicht ihrer selbst.

Der Liebe rühmen
kann sich die Liebe
nur in Hinsicht auf
die Liebe des anderen.

LASS DICH TRÖSTEN!

In deiner Traurigkeit und Niedergeschlagenheit möchte ich dich trösten, dir Mut machen, damit du wieder zuversichtlich wirst. Mir ist es aber zu wenig, dir nur zu versprechen, dass ich bei dir bleiben werde und dir helfen will. Ich will es gewiss tun, aber das soll nicht alles sein. Ich bin froh, dass ich dir mehr als meine Unzulänglichkeit zusprechen kann. Gottes Trost will ich weitergeben: »Wenn ich also rede, dann rede ich für Christus und gebe, wie ein Botschafter, sein Wort weiter.«[5] *Er* wird sein Versprechen halten, sosehr *ich* es einschränken müsste, wären es nur meine Worte. Aber ich weiß auch, dass es dir nicht egal ist, dass gerade ich dir diese Worte als Lied weitergebe. Unser Trost hat uns gegenseitig schon oft erreicht, und Gottes Zusage ist uns in unserem gegenseitigen Zuspruch besonders klar und verständlich. Gottes Liebe, die vollkommen – aber oft verborgen ist, wird uns deutlich in unserer gegenseitigen Liebe, die zwar unvollkommen – aber greifbar ist.

FÜRCHTE DICH NICHT!

Fürchte dich nicht, ich bin bei dir,
schaue dich nicht ängstlich um!
Ich stärke dich, ich helfe dir,
fass deine rechte Hand.

Denk nicht an das, was früher war!
Sinne ihm nicht länger nach!
Ich schaffe Neues, jetzt wächst es auf,
erkennst du es denn nicht?

Fürchte dich nicht, ich bin bei dir,
ich habe dich befreit!
Bei deinem Namen ruf ich dich;
du bist mein!

Wenn du durch tiefe Wasser gehst,
will ich schützend bei dir sein.
Selbst durch Feuer will ich mir dir gehn,
damit nichts dir schaden kann.

Weil du für mich so wertvoll bist,
gebe alles ich für dich.
Hab keine Angst, ich bin bei dir,
ich liebe dich![6]

Jes 41,10.13f.; 43,1-4.18f.

UNERSETZLICH

Es gibt in unserem Leben
keinen Ersatz für die Liebe.
Aber die Liebe ihrerseits
kann uns vieles im Leben
ersetzen.

SPATZ ODER TAUBE

Das Sprichwort sagt: Besser den Spatz in der Hand als die Taube auf dem Dach, d. h., lieber etwas weniger Wertvolles, auf das ich Anspruch habe und über das ich verfügen kann, als etwas Wertvolles, das ich nicht festhalten kann. Mir scheint es, dass der Glaube es umdreht und sagt: Die Taube auf dem Dach ist immer noch besser als der Spatz in der Hand. Lieber auf die Verheißung Gottes warten, als sich selbst einen Ersatz zu schaffen, der zwar verfügbar, aber unvergleichlich kleiner ist!

Aber selbst wenn Gottes Verheißung eintritt, bleibt da ein Unterschied zwischen der Nähe der Taube und der des Spatzen. Der Spatz ist *in* der Hand, er gehört mir, und ich bestimme über ihn. Die Taube sitzt hingegen nur *auf* der Hand, sie ist mir nicht weniger nahe, aber sie ist nicht mein Eigentum – ich kann sie nur »haben, als hätte ich nicht« (1. Kor 7,29). Obwohl ich die Taube gar nicht festzuhalten brauche – sie fliegt ja nicht von meiner Hand weg –, spüre ich dennoch in mir das Verlangen, mit der anderen Hand zuzugreifen, um sie festzuhalten. Tue ich es, dann fliegt sie davon, bevor ich sie habe, oder – und das ist noch schlimmer – ich fange sie, und während ich sie halte, wird sie ›unter der Hand‹ zum Spatzen. Es ist schlimmer, weil mir dann alles so wertlos wird und ich nicht einmal mehr ahne, was ich eigentlich verloren habe.

Umso schwerer fällt es mir dann allerdings, den Spatzen loszulassen – auch wenn ich die Notwendigkeit theoretisch einsehe. Ich weiß, ich muss es tun, ich werde es auch tun – irgendwann, aber in diesem Moment kann ich nicht und will ich nicht, obwohl ich bereits ahne, dass ich dabei letztlich gewinnen werde.

Wenn ich dann endlich die verkrampfte Hand öffne und ihn fliegen lasse – wie für immer und endgültig –, dann kann das geschehen, was mich jedes Mal ganz neu berührt: Der losgelassene Spatz fliegt davon und setzt sich – als Taube – wieder auf meine Hand. Ich genieße ›die Taube‹ voll Dankbarkeit gegenüber Gott, dem ich selbst ganz gehören darf und dem deshalb auch all das Meine ganz verfügbar bleibt. Unvorstellbar erscheint es mir, dass ich jemals etwas ohne ihn und an ihm vorbei gewaltsam halten wollte, was er mir doch viel besser als ich selbst erhalten kann – bis sich meine andere Hand irgendwann wieder regt und das Ganze von vorne beginnt.

Wie oft wollte ich auch in meiner Beziehung zu dir dich zwingen, war ich eher bereit, meinen Kopf durchzusetzen und weniger zu haben, als Gott und dir zu vertrauen und auf euch zu warten. Wie oft habe ich an meinem Glück mit dir verkrampft festgehalten und dich mir verfügbar machen wollen und durch mein Fordern dein freiwilliges Schenken erschwert. Wie oft habe ich dich schon als vermeintliches Eigentum behandelt, war enttäuscht von dir, weil ich mich in dem, was du mir wirklich sein kannst und willst, getäuscht habe.

Wie groß ist jedes Mal mein Glück, wenn ich dich loslasse und du dich mir wieder so ganz anders und beglückend als ›Taube‹ schenkst!

PARADOX DES VERTRAUENS

Wir verlieren,
was wir
verkrampft
festhalten
wollen;
und was wir
im Vertrauen
loslassen,
können wir
neu ergreifen.

UNSERE KINDER

Wenn unsere Ehe an einem Punkt durch die religiöse Tradition beeinträchtigt sein könnte, dann sicherlich in der Beziehung zur Sexualität und zum Empfangen unserer Kinder.

Das Genießen des ›Du‹ in dem ganzheitlichen Erleben des anderen und die ›Schöpfung‹ eines Kindes aus dem gemeinsam erlebten Glück und der gegenseitigen Liebe heraus gehören zum Schönsten, was Gott in die Schöpfung hineingelegt hat. Wenn es traurig ist, dass viele Gläubige mit ihren Trieben scheitern, weil sie ihre Sinnlichkeit ihrem Partner noch nicht als liebendes Geben und Empfangen ausdrücken können, dann ist es unverantwortlich, wenn wir ihnen nicht helfen, in ihren Bedürfnissen die Größe und die Möglichkeit der Befriedigung zu sehen, sondern ihre Triebe selbst als problematisch oder verwerflich darstellen. Die Verachtung der Leiblichkeit – und damit der Schöpfung Gottes – hat nicht zufällig ihren Ursprung im ›Heidentum‹. Sie ist selbst Ausdruck einer gestörten Gottesbeziehung. Wer im Frieden mit Gott lebt, wird auch im Frieden mit anderen und vor allem im Frieden mit sich selbst, seinem Menschsein und seinen Bedürfnissen leben lernen.

Du bist nicht nur geboren, um wieder zu gebären. Dein Leben ist nicht erst dadurch legitimiert, dass du Kinder bekommst, sondern dadurch, dass Gott dich liebt. Gott selbst ist der Sinn deines Lebens, du brauchst deinen Lebenssinn also nicht erst zu ›er-zeugen‹.

Auch steht der Auftrag, uns zu mehren und die Erde zu füllen (1. Mose 1,28), seit dem Kommen Christi und dem Anbruch der Gottesherrschaft nicht mehr allein. Wir müssen ihn in einem verantwortlichen Verhältnis sehen zu den Weisungen Jesu – wie zu dem Auftrag des Auferstandenen: »Gehet hin und machet zu Jüngern alle Völker ...« (Mt 28,18-20). Es geht also bei der Gestaltung unseres gemeinsamen Lebens um die grenzenlose Aufgabe, diese bereits ›gefüllte Erde‹ mit der Liebe und Gerechtigkeit Gottes zu erreichen. Wie wir selbst als Paar mit unseren Berufen, unseren Gaben und Möglichkeiten am entsprechendsten dazu beitragen können, wollen wir bewusst und im Gebet vor Gott entscheiden.

Ich freue mich auf unsere ›Kinder‹ – ob wir eigene haben werden oder unsere Liebe auf andere Menschen übertragen, was sich keineswegs gegenseitig ausschließen muss. Eines aber lass uns immer als Grundsatz durchhalten: Wir selbst – und damit unsere Körper – sind geschaffen, um Liebe zu geben und um Liebe zu empfangen. Wir wollen uns gegenseitig beglücken, und jedes unserer Kinder soll einen Anspruch darauf haben, durch unsere Zuwendung dasselbe Glück zu erleben. Sosehr wir uns untereinander nicht nur ›annehmen‹ und dulden, sondern uns innig lieben und bejahen, sosehr soll jedes unserer Kinder ganz geliebt und freudig bejaht sein.

LIEBEN UND ERKENNEN

Lieben heißt
erkannt sein!

In Liebe erkennen
heißt anerkennen!

Lieben heißt –
kennen,
erkennen,
anerkennen!

1. Joh 4,16; 1. Kor 8,3

DEINE ANGST UM MICH

Ich weiß, dass du manchmal Angst hast, Angst vor ›ihr‹, von der ich sagen könnte, ich würde sie heiraten, wenn du nicht wärst; Angst vor ›ihr‹, die mich besser ergänzen könnte, die mir mehr entspräche und mich glücklicher machen könnte als du.

Ich möchte dir diese Angst nehmen! Als wir uns kennenlernten und über die Möglichkeit der Ehe sprachen, als wir merkten, dass sich unsere Beziehung von vergangenen unterschied, dachten wir über uns nach und erkannten allmählich, welche Eigenschaften, Fähigkeiten und Interessen und auch Schwächen uns zueinander hinzogen. Unser Interesse füreinander war stark dadurch bestimmt, dass wir in vielem den Erwartungen des anderen entsprachen und auch seinen Wünschen entsprechen wollten. So kam es, dass das Bild von ›meiner Frau‹ sich allmählich in dein Bild auflöste, bis ich die beiden nicht mehr auseinanderhalten konnte. Dabei hatte ich die Neigung, Eigenarten an dir, die sich nicht mit meinen Erwartungen deckten, zurückzudrängen oder dich in Richtung meines

Ideals umformen zu wollen, was immer wieder einmal bei mir durchkommen mag.

Zugleich wuchs aber auch der ›Wille zu dir‹, die Liebe, die nicht deine Werte zur Bedingung hat, sondern dich selbst meint. Sosehr mir meine Idealvorstellungen von meiner Frau bei anderen Frauen geholfen haben, mich nicht willkürlich momentanen Gefühlsregungen auszuliefern, so sehr sind sie jetzt gefährlich, weil sie dich belasten und dich an deiner freien Entfaltung hindern können. Aber weil ich dich liebe, habe ich mich für *dich* und gegen abstrakte Vorstellungen – mein Ideal von meiner Frau – entschieden. Mein ›Ja‹ zu dir soll *dir* gelten, nicht nur deinen Qualitäten und schon gar nicht meinen Illusionen. Deshalb sollst du auch frei werden von der Angst vor ›ihr‹ – ich will *dich* lieben!

Es mag sein, dass ›sie‹ mir begegnet, die mir als Alternative zu dir erscheint, zumal ich mich gelegentlich dabei erwische, wie ich einzelne Qualitäten an anderen mit den deinen vergleiche und sie gern auf dich übertragen will. Aber ich bitte Gott und dich, dass ihr mich behaftet bei meiner Liebe – und damit auch bei meinem *»Willen zu dir«*.

SELBSTBEWUSST – BEZIEHUNGSSTARK

Die Ich-Stärke
eines Gläubigen
erwächst nicht aus
dem Rückzug auf
das eigene Ich,
sondern aus der
vorbehaltlosen
Hinwendung
zum Du
und aus der
überwältigenden
Erfahrung
des Wir.

VERTRAUENSVERHÄLTNIS

»Was hältst du davon,
wenn ich mich bei dir
fallen lasse?« –

»Dazu fällt mir ein,
dass ich dich
halten werde.«

MEINE ANGST UM DICH

Manchmal überfällt auch mich die Angst und rückt dich so weit von mir weg. Dein Bild springt über in ein ganz anderes, fremdes. Dann meine ich, um dich mit Recht fürchten zu müssen. Auf deine Vergangenheit werde ich eifersüchtig und überlege, wie tief wohl die Eindrücke anderer Männer in dir geblieben sind. In deinem Schweigen vermute ich deine Gedanken an sie und wage nicht mehr, zu fragen, was du denkst. Es kann auch die Angst vor dem Mann sein, den du noch nicht kennst, der unsere Beziehung plötzlich verändern könnte, selbst wenn du ›aus Anstand‹ bei mir bliebest. Oder es ist der Gedanke, dass deine Liebe einmal erkalten könnte und wir nur noch nebeneinanderher lebten.

Es sind Momente, in denen ich mich falsch von dir her verstehe, in denen ich eine Absolutheit von dir fordere, die nur Gott zukommt. Denn ›eifersüchtig‹ wäre ich mit Recht nur auf die Dinge, die mir ganz gehören und mir ganz verfügbar sind. Du aber gehörst Gott und dir selbst! Ich verlange dir Sicherheiten ab und freue mich nicht dankbar an der Gewissheit deiner zugesprochenen Liebe und dem, was du mir hier und jetzt bist und schenkst.

Habe ich diese Ichbezogenheit erst entlarvt und eingestanden, ist die Wende zum Guten schon fast vollzogen. Mir wird bewusst, dass dich vielleicht die gleiche Sorge plagt. Ich habe das Verlangen, mit dir darüber zu reden, dir meine Liebe neu zuzusagen, dir auch in Kleinigkeiten treu zu sein und dich auf Gott zu verweisen. Dann ist meine Angst *um dich* umgeschlagen in meine Bereitschaft *für dich*!

TRAGENDE LIEBE

Kannst du
noch –
ich kann
noch nicht –,
mich so,
wie ich bin,
ertragen?

Aber will,
wenn du
mich trägst,
es als ein
Getragener
wagen.

AUSTAUSCH DER HERZEN

GEBET:

Herr, du hast uns gelehrt, wir sollen anderen genau das geben und tun, was wir von ihnen erwarten (Mt 7,12). Wir sollen also unsere eigenen Erwartungen zum Maßstab für das Verhalten dem anderen gegenüber erheben. Entsprechend äußert sich deine Liebe als ein am anderen orientiertes Verhalten: »Ich will, dass du so glücklich bist, wie ich es gerne wäre!« Es findet in der Liebe ein Austausch der Herzen statt: Meine Probleme, Interessen und Anliegen sollen von ihr geteilt werden, und was sie bewegt und ausmacht, soll mich beschäftigen.

Ich entschuldige mich gerne damit, dass solches Verhalten bei konsequenter Anwendung zur Selbstauflösung führen könnte; meine eigene Identität würde vernachlässigt, wenn ich mich ihr zu sehr anpassen wollte. Jedoch liegt darin bei uns gewiss nicht das Problem, denn sie lässt mir bewusst Freiraum und ermuntert mich, meine Bedürfnisse zu äußern. Gerade an diesem

Punkt des Frei- und Loslassens sollte für mich das Prinzip des am anderen orientierten Verhaltens am stärksten gelten. Ich bin selbst derjenige, der immer wieder seine Interessen gegen die ihren durchsetzen will.

In der Theorie bejahe ich den Austausch der Herzen, aber in der Praxis ziehe ich dann doch die ›Deckung‹ unserer Interessen der ›Ergänzung‹ vor, die ›Gleichheit‹ der Meinungen der ›Entsprechung‹. Ich rede davon, dass das Ziel unserer Liebe die harmonische Einheit ist, vergesse aber gelegentlich, dass die Ganzheit nicht durch Deckung des *Gleichen*, sondern durch Ergänzung des *Verschiedenen* entsteht. Harmonie bedeutet nicht, dass man einen von zwei Tönen zum Schweigen bringt, sondern dass beide Töne, obwohl sie verschieden sind, gut zusammenklingen.

Als Folge deiner Forderung ergibt sich also in unserer Beziehung weniger meine Selbstauflösung als vielmehr die Entfaltung ihrer Persönlichkeit. Der Austausch der Herzen wird mich dahin bringen, dass ich sie nicht mehr in meine Erwartungen zwänge, sondern sie mit ihren Zielen, Vorstellungen und Wünschen als eigene Schöpfung – und auch unabhängig von mir – erkenne. Ich will doch in ihr ›sie‹ und nicht wieder nur mich selbst suchen, ich will zur aufrichtigen Liebe zu ihr und nicht nur zur Selbstbestätigung finden.

Die Erfahrungen, die ich mit ›deiner Liebe‹ bei ihr gemacht habe, sind auch für mich selbst beglückend; denn es handelt sich dabei nicht um eine Liebe ohne Glück, sondern vielmehr um ein Glück, das ich ohne Liebe nicht erklären kann. Ich brauche auf unser gemeinsames Glück nicht länger zu ›warten‹, sondern kann von mir aus an unserer ›großen Liebe‹ bauen. Ich bin selbst überwältigt, wie oft alltägliche Kleinigkeiten so viel bedeuten können, wenn ich die einfache Gleichung einhalte: »Was du von ihr erwartest, sei selbst bereit, ihr zu geben, und setze deine Erwartung in Bereitschaft um!« Deine Liebe, Herr, macht erfinderisch, weil sie ihre Entfaltungsmöglichkeiten von meinen eigenen Erwartungen ableiten kann – und die sind unbegrenzt.

Ich werde auch beim ›Geben‹ selbst ›seliger‹ als beim ›Nehmen‹ (Apg 20,35), was nicht heißt, dass ich glaube, in deinem Namen nur geben zu dürfen. Wie oft wollte sie mich schon beschenken und mich stärken, wo mein ›Nehmen‹ gerade in der stolzen Abweisung bestand und das wahre ›Geben‹ sich im Empfangen geäußert hätte. Herr, lehre mich stark sein, wo sie schwach ist, und schwach sein, wo sie stark ist! Das Glück, das ich von ihrer Liebe zu mir erwarte, bekomme ich häufig gerade dann, wenn ich das für sie tue, was ich insgeheim von ihr erwartet habe.

Nur einen Nachteil hat das Ganze, und deshalb praktiziere ich es noch so wenig. Ich habe zwar die Einsicht und die Bereitschaft, aber ich scheine nicht genug Kraft zu haben, das Erkannte auszuleben. Doch wird mir meine Abhängigkeit von dir, Herr, nirgends so bewusst wie da, wo ich konsequent lieben will.

Danke, dass du selbst mich gerade mit der Liebe liebst, die du von uns erwartest. Du hast dich an meiner Bedürftigkeit orientiert, als du für mich gestorben und auferstanden bist, und erwartest nichts, was du mir nicht selbst geben kannst. Danke, du selbst hast an unserer ›großen Liebe‹ schon vor zweitausend Jahren gearbeitet und sie durch deine Hingabe ermöglicht.

Danke, du bist stark, wo ich schwach bin, und erwartest von mir selbst nichts als Offenheit, weil du mich angenommen hast.

Du hast im Austausch der Herzen meine ganze Unfähigkeit und mein ganzes Versagen auf dich genommen und mir deine Kraft und Liebe in der Gemeinschaft mit dir zur Verfügung gestellt. Ich will auch deine Anliegen und Vorhaben mit dir teilen, will dir gehören, damit du deine Liebe durch mich ausleben kannst. Überwinde meinen falschen Stolz und Egoismus, auch wenn es mir zunächst wehtun mag. Lehre mich dein am anderen orientiertes Verhalten. Denn nie bin ich mehr bei mir selbst als im Aufgeben meiner Isolation und im Freiwerden für dich und für andere Menschen. Danke für den Austausch unserer Herzen!

UNENTBEHRLICH

Wir lieben es,
gebraucht zu werden,
obwohl wir es
eigentlich brauchen,
geliebt zu werden.

LIEBE UND ERLEBEN

Die Liebe erfährt
ihre Verantwortung
als Erleben
und ihr Erleben
als Verantwortung.

Wenn sie für diejenigen,
denen ihre Zuneigung gilt,
einsteht und sorgt,
ist es der Liebe
nicht nur Pflicht,
sondern Teil ihres Glücks.

Und wenn die Liebe ihrer
Freude und Neigung lebt,
verliert sie dabei
ihre Verantwortung
für andere und
für sich selbst
nicht aus den Augen.

DEIN ›SEIN‹, WENN DU FERN BIST

Hast du es auch schon entdeckt, wie viel wir uns bedeuten, selbst wenn wir uns länger nicht sehen können? Ich bin glücklich, dass es dich gibt – auch ohne dein ›Da-Sein‹ bei mir und für mich. Ich schaue ein Foto von dir an und lese deine Briefe, gehe spazieren und bin in meinen Gedanken und Gebeten bei dir. Dabei erlebe ich dich ganz nah und wirklich. Oft habe ich ein starkes Du-Bewusstsein, ich lebe ganz mit deiner Realität, was viel mehr als ein Gefühl ist. Gleichzeitig kann ich bei mir – und bei dir sein.

Der Schritt zu Gott selbst liegt mir bei diesem Erleben von Verbundenheit meist sehr nahe. Seine Wirklichkeit, seine Anliegen, sein Wort und mein Gebet zu ihm, den ich – wie dich in der Zeit deiner Abwesenheit – auch nicht unmittelbar sehen kann, werden mir dann ganz bedeutsam und bestimmend. Die Grundbegriffe unseres Glaubens wie Hoffnung, Geduld, Zuversicht, Liebe und Vorfreude stehen mir unbegreiflich klar vor Augen. Der Glaube überhaupt – als konsequentes Leben mit einer Realität, die ich weder sehen und fühlen noch herbeizwingen und beweisen kann –, das alles wird mir ganz neu nachvollziehbar und zugänglich. Voll Dankbarkeit bin ich dann, dass wir gemeinsam an Gott als unser Leben glauben und dass du mich sogar noch dann an ihn erinnerst, wenn wir äußerlich getrennt sein müssen.

LASS MICH DICH ERGREIFEN

Wenn wir uns geliebt wissen,
dann können wir auch hoffen.
Wenn wir hoffen können,
dann können wir vertrauen.
Wenn wir vertrauen können,
dann können wir auch loslassen;
und erst wenn wir loslassen,
können wir Neues ergreifen.

Solange wir ängstlich klammern
und Altes verzweifelt festhalten,
verpassen wir einsam all das,
was uns in Zuwendung angeboten
und in Liebe geschenkt wird.

AUF DIE FORMEL GEBRACHT

G = ♥ x *t*

Geduld ist Liebe mal Zeit.

Wir > Ich + Du

Die Ganzheit einer
echten Wir-Beziehung
ist weit mehr als nur
die Summe ihrer
einzelnen Glieder.

SEI FREI!

Zum Schönsten an dir gehört dein Gespür dafür, wann ich Freiheit brauche. Nichts hielt mich früher mehr von der Ehe ab als die Angst vor der Einschränkung und dem Einengen, die Liebe unmöglich machen; als die Furcht vor den hohen Erwartungen, die das Beschenken verleiden. Nichts entmutigte mich bei Ehepaaren mehr als ihre ›kindische‹ Abhängigkeit voneinander, die jede Ausprägung ihrer eigenen Persönlichkeit verstellt: Ein ehemals selbstständiger Single ist nach wenigen Jahren Beziehung anscheinend nicht mehr in der Lage, ein Hemd zu bügeln oder ein schmackhaftes Essen auf den Tisch zu stellen, und eine einst selbstständige Frau nicht mehr fähig, eine verantwortliche Entscheidung in seiner Abwesenheit zu treffen.

Seitdem wir uns kennen, hast du mich damit überrascht, dass du schon vor mir spürst, wann ich Alleinsein, Freiheit und Selbstständigkeit brauche. Während ich mir überlege, was mein Glück mit dir im Moment einschränkt, kommt meist schon ein Brief von dir, oder du sagst es mir: »Sei bitte ganz frei, sei ganz ›du selbst‹, lass dich nicht in etwas hineinzwängen, sondern sei allein und selbstständig, und komme dann zu mir, wenn du von dir aus gerne willst!« Was mich bedrückte, erkenne ich häufig erst, wenn ich solche Worte wieder von dir lese. Es kann sein, dass ich dir gleich zurückschreiben oder zu dir fahren muss, um dir offen und bewusst zu begegnen und dich zu beschenken – denn nur wer frei ist, kann sich schenken.

Du, ich möchte, dass du ein Leben lang frei bleibst! Deine Bindung an mich soll für dich die größtmögliche Form von Freiheit überhaupt sein. Auch wenn ich nicht immer das gleiche Gespür für dein Unwohlsein haben sollte, wenn ich dich einenge, habe den Mut, dich wieder zu befreien – gerade aus Liebe zu mir! Ich weiß nicht, wie ich jeweils reagieren werde, wenn du meinen lieblosen Erwartungen ausweichen wirst, aber tue es – auch um meinetwillen.

Wenn ich Ansprüche auf dich erhebe, die nur Gott zukommen, und dich von mir abhängig machen will, dann kläre bewusst wieder die Rolle, die Gott in deinem Leben spielt, und die, die ich spielen will. Er ist dein Herr, ihm nur ›gehörst‹ du – unbedingt und ganz. Mir hast du dich in deiner Zuwendung ›geliehen‹ – nicht statisch, sondern dynamisch, jedes Mal aufs Neue als Geschenk, nicht nach einem Vertrag, auf den ich rechtmäßig bestehen könnte, sondern jeden Tag aus Gnade. Bleibe selbstständig und frei für ihn und dich selbst, damit du mich auch mit seinen Maßstäben hinterfragen und korrigieren kannst und nicht meine Fehler einfach mitmachst, indem du nur durch mich mit Gott verbunden bist.

Sei aber auch frei, eigenen Interessen nachzugehen. Mit deiner Liebe hast du mir wohl deine Zuneigung und Hingabe, nicht aber deine Preisgabe und Selbstauflösung zugesagt. Denn was wolltest du mir denn schenken, wenn du dich, deine Identität, deine Gaben und Interessen vorher in die meinen auflösen müsstest? Wir wären nicht das erste Paar, das sich gegenseitig so lange anpasst, bis all die Eigenschaften verschwunden sind, um derentwillen sie sich einst ineinander verliebt haben. Nein, sei du selbst, entwickle und entfalte dich um Gottes und um deiner selbst willen – und nicht nur mir zuliebe!

Wenn du – vereinfacht gesprochen – zum größeren Teil aus sogenannten ›weiblichen‹ und zum kleineren Teil aus traditionell als ›männlich‹ bezeichneten Eigenschaften bestehst und ich entsprechend umgekehrt, dann lass uns nicht den andersgeschlechtlichen Anteil vermindern und ihn dem jeweils anderen überlassen, sondern lass uns gegenseitig die schwächeren Anlagen fördern, die sich zuvor durch unsere Prägung oder Situation noch nicht in gleichem Maße entfalten konnten. Wir wollen beide ›ganze Menschen‹ werden, die sich einander auch ›ganzheitlich‹ und ›umfassend‹ schenken können.

Ich freue mich auf unsere gemeinsame Zukunft, auf die ›Bindung zur Freiheit‹ und die ›Freiheit zur Bindung‹. Sei frei! Sei du selbst! Und schenke dich mir immer nur aus Liebe!

IN BEWEGUNG

Liebe ist nicht
Flucht zum anderen;
sie bewirkt, dass
du dich selbst findest.

UNSER WEG

GEBET:

Würdest du uns fragen, Herr, welchen Weg wir mit dir zusammen gehen wollen, dann kämen für uns bei der Wahl drei Möglichkeiten in Betracht:

Einerseits wollen wir den Weg gehen, der dich am meisten erfreuen wird, auf dem wir unsere Liebe zu dir optimal ausleben und dir uneingeschränkt gefallen können.

Andererseits fasziniert uns auch der Weg, auf dem wir selbst am glücklichsten in unserer Liebe zueinander sind; der Weg, den wir auch noch in der letzten Rückschau, wenn wir einmal bei dir sein werden, als den für uns schönsten und erfüllendsten ansehen werden.

Schließlich spricht auch vieles für den dritten Weg, auf dem wir den Herausforderungen unserer Welt und unserer Verantwortung gegenüber den uns anvertrauten Menschen am besten gerecht werden, auf dem wir – gerade durch unsere Beziehung – andere am wirkungsvollsten erreichen, sie auf dich verweisen und ihnen sinnvoll helfen können.

Weil du uns beide kennst und liebst, Herr, und du uns auch beide glücklich sehen willst, weil unsere Hilfsbereitschaft und Offenheit für andere Menschen Reflexion deiner eigenen Liebe zu ihnen ist und du selbst ihnen noch viel mehr als wir helfen willst, kann es sich bei dem Weg unserer Liebe zu dir, dem Weg unseres eigenen Glücks und dem Weg unserer Bedeutsamkeit für andere nicht um drei Wege handeln; es wird ein und derselbe Weg sein – den zeige und führe du uns!

ENTGRENZT

Glaube kennt
keine Beschränkung,

Hoffnung kennt
keine Zeit,

Liebe kennt
keine Grenzen.

BESCHÜTZT ODER GEBORGEN?

Es besteht ein wesentlicher Unterschied zwischen Beschütztsein und Geborgenheit. Der Schutz, den wir uns gegenseitig bieten können, ist sehr unzulänglich, da wir viel Zeit unseres Zusammenlebens getrennt sein werden und auch unser Zusammensein die Gefahren, Probleme und Unannehmlichkeiten nicht immer abhalten kann. Ich habe aber schon erfahren, dass du mich in deiner Liebe, auch wenn wir getrennt sind, dennoch zuversichtlich und stark machst, weil du mir Geborgenheit vermittelst.

Wäre unsere Sicherheit auf das Beschütztsein angewiesen, dann müssten wir uns vor Angst einschließen und die Welt um uns herum vergessen. Weil aber unsere Liebe uns Vertrauen und Geborgenheit schenkt und uns, wie wohl jede echte Liebe, stärkt und befähigt – und nicht schwach und unselbstständig macht, haben wir Grund genug, zuversichtlich auf die Herausforderungen und Probleme, das Angefochtensein und das Alleinsein zu schauen.

Die Liebe will uns zu unserer eigenen Lebensentfaltung befähigen und in unserem Lebensmut bestärken. Denn im Gegensatz zu jedem künstlichen Behütetsein wirkt die echte Geborgenheit gerade im Widerstand ermutigend und in der Schutzlosigkeit bergend.

SEI STARK!

Selbst in der Liebe
können wir nicht
immer stark sein;
aber wir können
stets wahrhaftig sein.

Das ist in Wahrheit
die Stärke der Liebe.

DU UND MEINE VERGANGENHEIT

Durch das Erfahren von Liebe werde ich meine ganze Vergangenheit vergessen können, als wäre sie nie gewesen – so dachte ich zunächst. Ich brauche aber in Wahrheit meine Vergangenheit durchaus nicht auszublenden und zu verdrängen, wo ich mich doch nur mit meiner Vergangenheit als versöhnte, eigenständige und unverwechselbare Persönlichkeit entfalten kann und mit mir selbst identisch werde. Meine Vergangenheit – auch mit all ihren Ängsten, Verletzungen, Verunsicherungen und Versäumnissen – prägt mich in entscheidender Weise, und sie hat mich – neben den bestimmenden Erfahrungen der Gegenwart und den Hoffnungen auf das Kommende – zu dem werden lassen, was ich heute bin.

Deine Liebe und dein Interesse für alles, was mit mir zu tun hat und zu mir gehört, und deshalb auch für meine Vergangenheit, wecken in mir wieder eine Erinnerung nach der anderen und fangen sie positiv auf. Ich genieße es wie eine Heilung, wenn wir durch deine Anteilnahme in ›meiner Geschichte‹ bisher uneingestandene Enttäuschungen, Niederlagen und Bedürfnisse entdecken und sie gemeinsam in das Gesamte meines Lebens einbeziehen. So lerne ich, sie versöhnt zu erkennen und befreit zuzugeben. Bald scheint es mir, als kennten wir uns schon seit eh und je, weil jede Erinnerung bis in die Kindheit zurück durch dein Interesse und dein Mitempfinden geprägt wird.

Mir ist bewusst, dass du meine Zuwendung und Anteilnahme umgekehrt genauso empfindest. Aber da unsere Offenheit und unser Einklang in unserer Liebe zueinander begründet sind und nicht in irgendeiner vorsätzlichen helfenden Absicht, erlebe ich die erlösende Kraft der gemeinsamen Erinnerung bei mir selbst noch deutlicher. Unsere Liebe macht nicht *vergessen*, sondern sie *erinnert heilend.*

SELBSTLOS GLÜCKLICH

In Wahrheit tun sich
die Liebenden selbst
viel mehr Gutes
als die Egoisten.

Denn wer auch
das Glück und
Wohlergehen
des anderen
als seine eigene
Lebensfreude erfährt,
der zieht daraus am Ende
selbst viel mehr Nutzen
als der Eigennützige
bei all seinem
ichsüchtigen
Bemühen.

VERDICHTETES GLÜCK

Was ich an dir habe,
was ich durch dich bin,
kommt mir alle Tage
dankbar in den Sinn,

lässt mich freudig leben,
gibt mir Zuversicht,
äußert sich zuweilen
auch als ein Gedicht.

VON GANZEM HERZEN

Es gibt keinen Ersatz für die Liebe. Zwar lässt sich die Liebe immer nur an ihren Ausdrucksformen erkennen; das heißt aber nicht, dass man durch die Einübung der Ausdrucksformen die fehlende Liebe ausgleichen könnte.

Was die Liebe vom Geliebten will, ist nicht ein bestimmtes Verhalten, sondern dessen Liebe. Wer liebt, möchte nicht *etwas* vom anderen – auch nicht *viel* vom anderen –, sondern ihn selbst. Der Geliebte könnte seine ganze Zeit, sein ganzes Geld, ja, sein ganzes Leben für den anderen einsetzen – würde es nicht aus Liebe geschehen, dann wäre es nicht das, was der Liebende sich ersehnt.

Die Liebe ist erst da am Ziel, wo sie als Antwort die gleiche Liebe findet. Sie ist völlig voraussetzungslos und bedingungslos, aber sie will folgenreich sein. Sie nimmt keinen Anstoß an den Grenzen und Schwachheiten des anderen und bejaht ihn, wie er ist – aber sie leidet daran, wenn sie selbst durch die Verweigerung des anderen begrenzt und an ihrer Entwicklung gehindert wird. Denn nichts will die

Liebe mehr, als sich beim anderen und für den anderen zu entfalten.

So ist sie auch gerne bereit, das Versagen und die Schuld des Geliebten zu vergeben, wenn nur die wechselseitige Offenheit und uneingeschränkte Zuwendung wiederhergestellt wird. Mehr als am Versagen des anderen leidet die Liebe an den Formen verdeckter Abwendung und Verschlossenheit – auch wenn sie noch so höflich und korrekt erscheinen. Viel lieber als eine aufgesetzte Stärke und Freundlichkeit erträgt die Liebe die Schwachheit und Unzulänglichkeit des anderen. Denn sie ist wirklich und ausschließlich am anderen selbst und nicht nur an Teilen seiner Person interessiert.

Wenn es aber so ist, dass es dem Liebenden allein um den anderen geht und er keinen Ersatz für die Liebe des Geliebten kennt, dann kann es auch nur eines sein, was Gott in seiner grenzenlosen Liebe vor allem anderen von uns will – nämlich, dass wir »ihn lieb haben von ganzem Herzen, von ganzer Seele und mit aller unserer Kraft« (5. Mose 6,5).

»Wenn ich mit Menschen- und mit Engelszungen rede, habe aber die Liebe nicht, so bin ich ein tönendes Erz oder eine lärmende Schelle. Und wenn ich die Gabe der Prophetie habe und weiß alle Geheimnisse und alle Erkenntnis und habe allen Glauben, sodass ich Berge versetzen kann, habe aber die Liebe nicht, so bin ich nichts. Und wenn ich alle meine Habe zur Speisung der Armen aufwende und wenn ich meinen Leib hingebe zum Verbrennen, habe aber die Liebe nicht, so ist es mir nichts nütze … Nun aber bleiben Glaube, Hoffnung, Liebe, diese drei; die Größte aber unter ihnen ist die Liebe« (1. Kor 13,1-3.13).[7]

EINE DREIFACHE SCHNUR REISST NICHT

Im Glauben gewiss,
in der Liebe geborgen,
in der Hoffnung gespannt.

Im Glauben geduldig,
in der Liebe getröstet,
in der Hoffnung gelassen.

Im Glauben gewachsen,
in der Liebe gestärkt,
in der Hoffnung gereift.

»Einer mag überwältigt werden,
aber zwei können widerstehen,
und eine dreifache Schnur
reißt nicht leicht entzwei.«

Pred 4,12; 1. Kor 13,13

ZWEI HÄLFTEN MACHEN EIN GANZES

Als Adam seine Frau erkannte, sagte er: »Das ist doch endlich Gebein von meinem Gebein und Fleisch von meinem Fleisch; man wird sie ›Männin‹ nennen, weil sie vom Manne genommen ist« (1. Mose 2,23).

Gerade in deinem Anderssein und in deiner eigenen Persönlichkeit finde ich zutiefst mich selbst wieder, ›erinnere‹ ich mich an eine Identität, die mir vorher so noch nicht bewusst war und die dennoch in mir angelegt sein muss. Du bist das Gegenüber, das ich brauche, um mich selbst zu erkennen. Je näher wir uns kommen, desto bewusster wird mir, wie sehr ich ohne dich nur *eine* Hälfte von ›mir selbst‹ war.

Du ergänzt mich durch das, was du mir bist, in vielfacher Weise. Zunächst bist du mir die beste Lehrerin für die Übersetzung der Grundbegriffe meines Glaubens in mein Leben. Durch mein Bezogensein auf dich und durch mein Leben mit dir in dem Bewusstsein des ›Wir‹ werde ich fortwährend auf Gott hingewiesen und an meine ›Halbheit‹ und Offenheit ihm gegenüber erinnert. Durch diesen ›*Verweischarakter*‹ ist deine Liebe für mich das deutlichste *Gleichnis* und *Symbol* von Gottes Reich und seinem Kommen.

Daneben hat unsere Liebe für uns auch einen ›*Ergänzungscharakter*‹ im weitesten und umfassendsten Sinne. Es ist mein Bedürfnis, sowohl Liebe geben als auch empfangen zu können. Die Möglichkeit, beides ganz bei einer Person zu tun, alle ›männlichen‹ Rollen gleichzeitig ausleben zu können – ›Sohnschaft‹, ›Freundschaft‹ und ›Vaterschaft‹, Angewiesensein, Partnerschaft und Verantwortung in gleichem Maße –, bewirkt ein vorher nie erfahrenes Erleben meiner Identität, meines ›Ich‹. Der spielerische Subjektwechsel in unserem ›Wir‹ – in dem ich ›du‹ sagen kann und genauso leicht ›ich‹, weil du ›du‹ sagen willst – erfüllt mich mit Geborgenheit und Sicherheit. Ich habe wieder den Mut, laut ›ich‹ zu sagen, weil ich dabei in glückliche Augen schaue, die sich über meine Empfänglichkeit und Offenheit freuen.

Die ›Feigenblätter‹, die seit dem Sündenfall die Schwachheit und Blöße der Menschen verdecken sollen, um von ihnen abzulenken, werden überflüssig, weil ich vor dir ›nackt‹ sein darf, ohne mich zu schämen (1. Mose 2,25; 3,7 ff.). Du suchst keine falsche Männlichkeit in mir und erwartest nicht, dass ich etwas vorgebe, was ich nicht bin. Ich darf schwach sein und darf stark sein – nur *ich selbst* soll ich sein! Denn du liebst *mich* und nicht meine Maske, deine Zuneigung gilt *mir* und nicht einer Rolle, die ich dir vorspiele.

Schon die Sicherheit, mit der ich hier von mir und deiner Liebe schreibe, zeigt die absolute Neuheit meiner Situation. Ich hoffe nicht vage und fühle nicht nur, sondern ich *weiß*, dass du mich liebst – sosehr du auch versagen darfst, ohne gleich meine Identität damit zu gefährden. Alle diese Worte kann ich auch als Gebet sprechen; sie sind der treffendste Ausdruck für das, was Gottes Liebe in mir – nicht zuletzt durch deine Liebe – bewirken will. Deshalb bist du auch ›frei‹, Fehler zu machen und zu versagen, denn deine Liebe weiß ich als Ausdruck *seiner* Liebe, die mich vollkommen trägt. So liegen ›Ergänzungscharakter‹ und ›Verweischarakter‹ in unserer Liebe beieinander und sind aufeinander bezogen. Daher können wir sagen: ›Wir sind‹ –

identisch, glücklich, selbstbewusst, geborgen, erwartungsvoll und bereit!

Der Wunsch, für Gott zu leben, kreativ zu wirken und andere Menschen teilnehmen zu lassen an der Liebe, die wir von ihm erfahren, äußert sich seit Beginn unserer Beziehung in der Befähigung zum Studium, im Setzen von Zielen bis zum nächsten Wiedersehen, im Arbeiten an der eigenen Persönlichkeit und in der Bereitschaft, auf andere zuzugehen. Gewiss habe ich auch früher schon den Weisungen Jesu – wie dem ›Missionsbefehl‹ (Mt 28,18-20) – entsprechen wollen. Bei all meiner Liebe zu Gott kostete es mich aber sehr viel Überwindung, immer auf andere einzugehen, ohne selbst schwach sein zu können, mich ständig ihren Erwartungen und auch Angriffen auszusetzen, ohne selbst menschliche Zuwendung und Geborgenheit umfassend zu erfahren. In diesem *›Sendungscharakter‹* unserer Liebe erreicht unsere Ergänzung ihre vielseitigste Erfüllung, weil wir bei unserem Geben nach außen selbst so reich werden. Gottes Segen erscheint uns dann am reichsten und überschwänglichsten, wenn er ihn anderen Menschen durch uns schenkt.

Es gibt sicherlich auch Paare, die sich nichts mehr zu sagen haben und ausgerechnet deshalb Häuser bauen, Kinder zeugen und Aufgaben suchen, um die Verlegenheit zu verdecken und die Leere ihrer Beziehung zu überspielen. Aber die echte und wirkliche ›Sendung‹ lebt gerade von der Kraft und Fülle der Liebe und dient nicht als Ersatz für sie. Darum nehmen wir uns ja auch immer wieder die Zeit, in der wir uns ganz allein gegenseitig zuwenden, beschenken und verwöhnen können, um uns als ›Wir‹ wiederzufinden und aufeinander bezogen zu sein. Ich bin stolz auf dich, weil du mich nicht in meiner Liebe zu Gott einschränkst, sondern meine Fähigkeiten entfaltest und als Erfüllung unserer Liebe auch und vor allem unseren Auftrag von Gott siehst.

Andere Menschen begegnen uns freilich nicht nur als ›Auftrag‹. Unsere Liebe bewirkt ja nicht, dass wir nur noch isoliert leben können, sondern vielmehr, dass wir nichts mehr ohne sie – d. h. gegen die Interessen des geliebten Menschen – erleben wollen. Das Einbeziehen des Gegenübers beginnt, zur grundsätzlichen Haltung unserer Liebe zu werden, weshalb wir auch nicht ständig zusammen sein müssen – unsere Einheit ist tiefer als nur äußerlich. Ich freue mich immer, wenn du wieder neue Anregungen, die du durch Gespräche, Bücher, Erlebnisse und Begegnungen bekommen hast, in unsere ›Einheit‹ einbringst. Andernfalls könnte unsere Liebe bald einseitig oder überhaupt sprachlos werden, wenn wir immer nur dieselben Inhalte und Begriffe so lange hin und her reflektierten, bis sie ihre letzte Leuchtkraft verloren hätten. Wir wollen ›uns alles sein‹ – und beschränken uns gerade deshalb nicht auf den anderen als Quelle für unser Wissen, unsere Anregungen und unsere Persönlichkeitsentwicklung. So können wir wirklich *alles,* was wir sind, einander zugutekommen lassen.

Durch den *Verweis-*, *Ergänzungs-* und *Sendungs*charakter unserer Gemeinschaft sind wir nicht nur doppelt so fähig, glücklich und mit Gott verbunden wie vorher, sondern es ist etwas qualitativ ganz Neues entstanden, das wir zuvor kaum ahnten. Wenn eine Hälfte durch eine andere ergänzt wird, ergibt das nicht nur das Doppelte, sondern etwas völlig Neues – eine *Ganzheit!*

WIEDERFINDEN

Ich habe uns verloren –
und muss uns neu suchen!
In der Selbstfindung
finde ich auch dich.
Wenn ich dich finde,
finde ich auch mich –
und kann auch Gott
neu begegnen.
Im Finden zu Gott
finde ich stets auch
wieder zu dir –
und kann auch mich
neu entdecken.

Ich glaube, am besten suche ich
zunächst und vor allem Gott,
denn habe ich zu ihm gefunden,
dann bin ich auch wieder
am schnellsten bei dir und bei mir.
Er ist gewiss der Suchenswerteste –
und er lässt sich finden.[8]

DU VERGIBST MIR

Ich habe dir unrecht getan und dich verletzt; du hast mir vergeben – und es erscheint mir, als hätte ich nie vorher Vergebung so tief erlebt.

Natürlich kenne ich den Schmerz der Reue: Ich ärgere mich, dass ich versagt habe, und will mich zusammennehmen, damit ich es das nächste Mal besser mache. Allerdings bleibe ich dabei in meinem Selbstbewusstsein als ›Mann‹ ziemlich unangetastet, schließlich bin ich höflich gegen Gott oder den anderen Menschen und entschuldige mich – was ich übrigens schon sehr gut kann – bei allen passenden und unpassenden Gelegenheiten. Die Heftigkeit der Reue beweist mir sogar, wie wenig mir das Verhalten zutiefst entspricht; denn eigentlich ist es mir nur ›passiert‹, ich war es gar nicht selbst. Mich selbst sehe ich identisch mit meinem guten Bild von mir, meinem ›idealen Ich‹.

Mit dem Bitten um Verzeihung und dem Zuspruch der Vergebung wird die Spannung zwischen der Tat und dem idealen Bild von mir beseitigt, weshalb mir auch so viel daran liegt, die Sache möglichst bald zu bereinigen. Diese Art von ›Vergebung‹ hebt nämlich die Distanz auf – aber so leider nicht die *Distanz zum anderen*, sondern die zu meinem eigenen Ideal-Ich. Sie ›befreit‹ nicht etwa zur Gemeinschaft, sondern zur selbstherrlichen Isolation.

Ganz innen ahne ich, dass da etwas falschläuft, dass mein Gegenüber mich nicht nur interessieren sollte, wenn es mich in meiner Vorstellung bestätigt oder – negativ gewendet – eben darin angreift. Dieser leise Vorwurf, der sich meldet, weil ich die Vergebung missbrauche, wird aber als Nachwirkung des inzwischen vergebenen Versagens interpretiert – und ich gebe mich zufrieden.

Jetzt aber ist mein ganzer Vergebungs-Mechanismus umgeworfen. Bei diesem Versagen und deiner Reaktion des Vergebens bewegt mich nicht die Reue, dass *ich* versagt habe, sondern der Schmerz, dass ich *an dir* versagt habe, *dich* verletzt habe. Weil ich *dich* aus dem Gleichgewicht bringe und du meine Liebe infrage stellen musst, leide ich nicht an dem Schmerz, verletzt zu *sein*, sondern verletzt zu *haben*. Ich kann jetzt nicht billig um Vergebung bitten, ich will nicht nur in ›Ordnung‹ bringen und vergessen, dass ich dir wehgetan habe. Nein, ich muss mich einfach vor dir dazu stellen, dir mein Versagen eingestehen und auf dich warten, denn es liegt alles bei dir.

Deine Reaktion kann ich gar nicht verstehen! Mir bricht bei meinem Eingestehen des Versagens das Bild von mir selbst völlig auseinander, ich bin nicht mehr mein ›Ideal-Ich‹, sondern der schwache, versagende, ganz durchschnittliche Mensch. Mir scheint mit dieser Erkenntnis überhaupt jede Daseinsberechtigung auf dieser Welt – und vor allem vor dir – genommen. Denn womit legitimiere ich meine Gegenwart, wenn nicht mit meinen – alles Versagen weit übertreffenden – Qualitäten? Du aber vergibst mir so selbstverständlich, als hättest du nie jemanden anderes in mir gesehen und geliebt.

Deine Liebe schmerzt mich tiefer, als es meine Reue je getan hat, aber nie war ich so glücklich wie in diesem größten Schmerz, der mich endlich von der Last der Selbstdarstellung befreit. Ich bin nicht geliebt wegen meiner Werte und Leistungen, meines Aussehens, meiner Eigenschaften und Ideale, sondern mein Glück und Wertgefühl gründen in deiner Liebe. Deine Anerkennung beruht nicht nur auf meinen Werten und reflektiert nicht lediglich mich selbst, sondern sie ist ganz Geschenk, Gnade.

Du hast es mir schon oft gesagt, dass du mich liebst, aber es hat mich bisher immer etwas ängstlich gelassen, weil ich um den Augenblick deiner Erkenntnis meiner ›Nacktheit‹, in der die letzte Maske fällt, fürchtete. Du hast mich mit deinem Vergeben befreit, aber nicht für mein Bild von mir, sondern für dich. Du hast die letzte unausgesprochene Distanz zwischen uns abgebaut, weil mir jetzt bewusst ist, dass du mich selbst mit deiner Liebe meinst – und das gibt mir Mut, mich zu bejahen.

Vergiss aber bitte mein Versagen nicht, verdränge es nicht, weil ich sonst wieder fürchten müsste, dass du doch nur mein Ideal liebst. Lass deine Vergebung nicht Vergessen bedeuten, sondern Tragen meiner Schuld – nur darin ist sie wirklich aufgehoben. Diesen Schmerz der Selbsterkenntnis will ich meinerseits nicht mehr verlieren; er scheint zur Liebe wesensmäßig zu gehören.

Neulich habe ich dir ein Versagen vergeben, das mich viel weniger traf als dich, weil es wohl unser Verhältnis störte, bis wir darüber sprachen, mir aber nichts an meinem Bild von dir zerstörte. Ich liebe dich, wie du bist, nicht, wie du gerne wärest – sosehr ich deine Ziele und Ideale schätze. Ich respektiere dich – nicht nur *trotz* deines Versagens, sondern *mit* deinem Versagen. Jetzt bin ich in der gleichen Situation und verstehe, warum dir meine Worte so viel bedeutet haben. Unsere Liebe lebt von der Vergebung; und sosehr sie auch unter dem Versagen leidet, so wächst sie durch die Erfahrung von Vergebung offensichtlich mehr, als wenn wir keine Schwächen hätten.

Während des Schreibens meiner Gedanken wird mir bewusst, wie sehr das unser Verhältnis zu Gott ändern wird, wenn wir Vergebung im Zusammenhang *seiner Liebe* und nicht mehr unter dem Aspekt unserer moralischen Schuld und unserer Unvollkommenheit sehen. Wenn das Vergebung ist, was wir miteinander erleben, dann brauchte der Glaube nichts zu erfahren als Vergebung, um unser ganzes Leben mit Glück zu erfüllen. Warum sind wir Gott gegenüber oft so gleichgültig, obwohl er uns noch so viel mehr als Vergebung schenkt? Ich will den Brief noch einmal lesen – als Gebet!

ROSEN – ZUM BEISPIEL

Es gibt Pflanzen, die haben
unangenehme Eigenschaften,
die so bestimmend sind,
dass man –
ungeachtet ihrer
sonstigen Qualitäten –
die ganze Pflanze
nach ihnen benennt:
›Dornen‹ – zum Beispiel!

Es gibt andere Pflanzen,
die haben die gleichen Fehler,
aber sie haben so bestimmende
angenehme Eigenschaften,
dass man sie nicht nur
trotz ihrer Fehler,
sondern wirklich
mit ihren Fehlern liebt.
Man freut sich, die Schwächen
berücksichtigen zu können –
sie gehören einfach dazu.

Diese Pflanzen bekommen
dann einen schönen,
wohlklingenden Namen:
›Rosen‹ – zum Beispiel!

WARTEN ODER HARREN?

Wie tief unsere Liebe ist, zeigt sich da am eindeutigsten, wo sie am stärksten belastet wird. Das wird sie für mich vor allem bei unserem Getrenntsein, obwohl wir beide dessen Notwendigkeit um unserer Aufgaben willen vollkommen akzeptieren. Ich halte oft an der Richtigkeit unserer Entscheidungen und an der Hoffnung unserer Liebe und unseres Wiedersehens fest, aber diese Hoffnung kann ganz verschieden aussehen: Manchmal kann ich auf dich *warten*, und manchmal muss ich *harren.*

Beim ›Warten‹ schaue ich dem Kommenden schon entgegen, das Licht der Erfüllung erleuchtet schon die Finsternis meiner gegenwärtigen Leere und Bedürftigkeit. Aufgrund der Vorfreude erfahre ich schon Glück und Befähigung – durch die die Erwartung natürlich nicht aufgehoben wird. Vielmehr wird das Bedürfnis nach der endgültigen Erfüllung durch die Befriedigung der Vorfreude in zuversichtlicher Hoffnung nur gesteigert.

Mein Warten lebt dabei von dem Wissen und Bewusstsein, dass wir uns wiedersehen werden.

Auch wenn die Vorfreude mich schon motiviert hatte, ohne dass unser Zusammenkommen daraufhin wie erhofft zustande kam, ist sie dennoch immer auf die Gewissheit ihrer Erfüllung angewiesen. Die Vorfreude lebt von dem Bewusstsein, *dass* es eintritt, und dem Ahnen, *wie* oder *was* es sein wird; wie dem Hungrigen nicht nur die Ankündigung des bevorstehenden Essens – also die Mitteilung des ›Dass‹ – den Appetit anregt, sondern vielmehr auch der Geruch bei der Zubereitung – als die Botschaft des ›Wie‹ und des ›Was‹ – ihn konkret, zuversichtlich und gespannt hoffen lässt. Er genießt schon in Vorfreude das Essen in Form des Geruchs und kann, wenn notwendig, warten, denn die Erfüllung ist ihm ›gewiss‹. Auf diese Weise ist also die gespannte Erwartung selbst schon angenehm.

Es ist schön, auf dich zu warten. Die Dinge, die ich von dir bei mir habe, erinnern mich an meine greifbare Zukunft, unsere ›Lebenszeichen‹ sind der ›Geruch‹, der dem Hungrigen wieder neu vor Augen stellt, worauf er freudig warten kann, während er seinen Aufgaben nachgeht. Ich schaue dir als derjenigen, die auf mich zukommt, freudig entgegen.

Anders ist es aber, wenn ich nur *harren* kann – *ausharren* in der Belastung und Bedürftigkeit und gegen allen Widerstand *beharren* auf unserer Liebe. ›Harren‹ ist für mich das Festhalten an dir innerhalb meiner Leere, in der das Licht der Erfüllung nicht schon im Voraus meine Finsternis erleuchtet. Wenn ich so nur Dunkelheit wahrnehme und erfahre, trägt mich nur noch das reine Wissen des ›Dass‹, die Gewissheit, *dass* es dich gibt und wir wieder zusammen sein werden.

Dabei habe ich kein Gefühl der Vorahnung, keinen Vorgeschmack des Kommenden, das mich in meinem Ausharren bestätigen und ermutigen würde. Ich lebe nicht wie beim Warten mit der schönen und mich tragenden Vorfreude, sondern stürze – wenn es schlimm kommt – in eine nicht erkennbare Zukunft wie in das endlose Nichts des schwarzen Weltalls. Dass es eine Zukunft geben muss, spüre ich dann nur daran, dass ich immer tiefer stürze. Es ist nicht die Furcht vor etwas bestimmtem Unangenehmen, das auf mich zukommt, sondern das Leiden an der Leere, dem Unbestimmten, dem Nichts.

Gerade hier werden Glaube und Liebe erst zutiefst wirksam: im willentlichen und vernunftmäßigen Verharren bei der Tatsache des ›Dass‹. Das Ziel meines Sturzes ist – wider alle Vorahnung – die Geborgenheit, die Liebe und Wärme. Am Ende dieser Tiefe erwarten mich die bergenden Arme Gottes. Es wird einen Punkt geben, an dem ich die unendliche Tiefe des schwarzen Weltalls durchbrechen werde – wie eine dunkel bemalte Pappkulisse – und mich in der Liebe und Zuversicht wiederfinde.

Bei alldem kann ich mich aber noch nicht wirklich darauf freuen, denn ich fühle und ahne es nicht, ich weiß nur das ›Dass‹, nicht das ›Was‹ und das ›Wie‹ der Lösung. Wie ein Name, ein Wort, ein Gedanke, die ich vergessen habe, die mir entfallen sind, bleibt nur das Bewusstsein, dass da etwas Wichtiges war, an dem ich festhalten wollte; denn wüsste ich genau, was mir entfallen ist, wäre es damit schon wieder verfügbar. Harren heißt also ›trotzdem‹ und ›dennoch‹ festhalten, obwohl ich jetzt nichts davon sehe und erkenne. Das positive Erleben bleibt der Zukunft vorbehalten, die sich meiner Gegenwart hartnäckig zu verschließen scheint.

Aber aus Liebe halte ich fest, mein ›Wille zu dir‹ ist nun die Quelle meiner Kraft, nicht mein von dir gewecktes Gefühl. Dass es richtig ist, auszuharren, ist mir wohl bewusst, denn ich harre auf die Wirklichkeit und nicht auf einen Traum. Das ›Nichts‹, das ich ungemindert erleide, ist in Wahrheit ein Albtraum. Deshalb muss ich mich darin ständig ermahnen, mich nicht an das Sichtbare, Verfügbare zu halten, sondern willentlich wegzusehen vom Nichts und aufzusehen auf die ›wirkliche Wirklichkeit‹, die letzte Realität, die irgendwann vom ›Traum‹, von der ›Vision‹ in Erfahrung umschlagen wird.

Mir ist längst bewusst geworden, dass ich in meiner Formulierung zu biblischen Begriffen übergegangen bin. Nichts entspricht unserem Glauben an Gott und unserem Warten auf ihn mehr als das, was ich dir gegenüber als dieses Ausharren trotz deiner Unverfügbarkeit beschreibe. Es gibt nur wenige Tage, an denen wir auf Gott in fühlbarer Vorfreude *warten* können, aber nach alledem gibt es keinen Tag, an dem wir nicht auf ihn *harren* und so bereits mit ihm leben können – auch unabhängig von unseren Gefühlen.

Unsere Liebe zu ihm und untereinander wächst – vielleicht auch deshalb, weil wir so viele Gelegenheiten haben, zu harren! »Die Liebe hält alles aus, sie glaubt alles, sie hofft alles, sie erträgt alles; die Liebe hört niemals auf« (1. Kor 13,7).

VORFREUDE

Vorfreude ist die Fähigkeit,
vor Freude außer sich zu sein,
obwohl der Grund zur Freude
noch gar nicht bei einem ist.

Vorfreude ist die Kunst,
die angenehmen Folgen
der Erfüllung
schon real zu erleben,
bevor die Voraussetzungen
des Glücks sich überhaupt
verwirklicht haben.

Vorfreude ist eine
bewegende Erfahrung,
bei der die Wirkung
der Ursache zuvorkommt!

EINEN STEINWURF WEITER

Mein Verhältnis zu Gott und zu dir besteht immer als positive Spannung. Wie sich bei einer Gratwanderung eine Einseitigkeit nach der einen oder der anderen Seite verheerend auswirken kann, so bringt mich auch meine Unausgeglichenheit in meinem Verhältnis zu Gott und zu dir in beiden Beziehungen leicht aus dem Gleichgewicht.

Dabei kann die vermeintliche Konzentration auf Gott durchaus den Ausgangspunkt bilden: »Herr, ich will dich allein kennen und lieben lernen, ich will nur von dir und von keinem Menschen abhängig sein!« Ich mag vielleicht den Eindruck gewinnen, auf diese Weise Gott näher zu sein, aber gewiss nur für eine kurze Zeit. Denn die innere Isolation von dir und der Welt – vermeintlich zugunsten meines Glaubens – lässt mich auf Dauer ganz leer und mein Leben zunehmend abstrakt werden. Ohne dass ich es zu merken brauche, versteinert meine Liebe zu Gott allmählich, und anstatt in einer ›Wir-Beziehung‹ stehe ich schließlich auch zu Gott in einer reinen ›Ich-Beziehung‹. Meine

Gedanken, Gebete und mein Bibellesen kreisen letztlich nur noch um meine eigenen Interessen und Sorgen, so ›geistlich‹ sie sich auch verbrämen mögen. Auch wenn ich mich dabei an Gott wende, erwarte ich von ihm nur, dass er mir Fragen beantwortet, auf meine Probleme eingeht und mich bestätigt – was er in dieser Weise freilich nicht tut. Weil ich weder Reaktion noch Antwort erhalte – Gott spricht hier wie sehr oft am deutlichsten durch sein Schweigen –, fange ich an, im Selbstmitleid zu grübeln und zu träumen, denke an die ›alten Tage‹ zurück und drehe mich zunehmend im Kreis. Trotz all meiner Bemühungen, aus der verzweifelten Situation herauszukommen, ändert sich daran nichts – sowenig eine Katze zum Ziel kommt, wenn sie ihrem eigenen Schwanz hinterherläuft.

An einem bestimmten Punkt – es ist meist mein ›Nullpunkt‹ – ändert es sich entscheidend dadurch, dass ich im Gebet und Gespräch mit dir von mir selbst wegkomme. Das Eingestehen meiner Bedürftigkeit, das Bewusstwerden meiner Inkonsequenz und meiner Einseitigkeit durchbrechen das Eis zum ›Du‹ und zum ›Wir‹. Wenn ich dich und andere Menschen in meinen Gebeten wieder in die Mitte meiner Anliegen stelle und nicht meine eigenen Probleme, wenn du mit mir und für mich betest und ich bereit bin, Gott von dir her zu erwarten – dann ist mir alles so nah und greifbar, dass ich nicht verstehe, warum ich nicht die ganze Zeit mit Gott und mit dir geistlich harmoniert habe. Jedes Mal wenn ich auf dich schaue, steht mir auch Gott wieder vor Augen, ich kann an dich nicht denken, ohne nicht auch an Gott zu denken. Weil ich so stets zu meiner Konsequenz im Glauben ermuntert werde, bin ich glücklich, ihn durch dich wieder neu gefunden zu haben.

Leider gleitet diese zweite Phase meist in eine dritte über, in der ich nicht nur Gott als mein Leben von *dir* her, sondern ihn *nur noch* von dir her erwarte. Ich habe ihm sehr viel zu sagen, wenn wir zusammen beten, aber ich habe ihm nichts mehr zu sagen, wenn ich allein bin. Ich kann Gott nicht mehr erleben, ohne an dich zu denken, was dazu führt, dass ich dich überfordere – und wiederum unzufrieden und unfähig werde.

Von Jesus heißt es, dass er sich im Garten Gethsemane von seinen Jüngern als den engsten menschlichen Vertrauten »losriss«, um »einen Steinwurf weit« von ihnen entfernt mit dem Vater im Gebet allein zu sein (Lk 22,41). Es fällt mir schwer, aber es ist auch für mich immer wieder notwendig, mich ›loszureißen‹ von aller menschlichen Gemeinschaft, sogar in der Beziehung zu dir. Manchmal reicht ein Gedanke des Loslassens, oft die Entscheidung, bewusst allein zu sein, um Gott und mir selbst in ihm wieder neu zu begegnen – dem Gott, den du mir so groß gemacht hast, der durch dich zu mir spricht, der hinter deiner Liebe steht. Selten bete ich intensiver, ist mir Gott so nahe, selten bedeutest auch du mir so viel wie in den Stunden, in denen ich ihn einen Steinwurf weiter treffe – ihn, den ich in der Gemeinschaft mit dir so viel besser kennengelernt habe.

Die Gedanken des folgenden Liedes kamen mir als Gebet zu Gott ›einen Steinwurf weiter‹.

JENSEITS MEINER FRAGEN

Ich ahne jenseits meiner Fragen,
du willst noch völlig anders sein,
nicht Antwort nur auf mein Verlangen,
das suchte ich in früh'ren Tagen.

Je mehr ich dich verstehen lerne,
muss ich mit deinen Augen sehn.
Es ist der Wunsch, dich zu ergreifen,
doch scheint's, als ob ich mich entferne.

Nichts will ich ohne dich erleben,
in allem Leiden dich nur sehn,
in allem Schönen deine Liebe,
selbst im Versagen dein Vergeben.

Ich kann in Liedern es nicht zeigen,
doch kommt die Liebe ja von dir.
Du kennst mich und wirst mich erhören,
ich werde sehn und werde schweigen.[9]

ICH MAG DICH LEIDEN

Als Paulus den Herrn bat, er möge ihm den Stachel aus seinem Fleisch nehmen, damit er ungehindert und frei leben könne, schlug ihm Christus die Bitte mit den Worten ab: »Meine Gnade reicht für dich aus – du brauchst nichts weiter als meine Gnade –, denn meine Kraft ist in der Schwachheit vollendet – und kommt in der Schwachheit an ihr Ziel!« (2. Kor 12,9). Nichts fällt mir schwerer als das Annehmen meiner Schwachheit, und nichts steht Gottes Wirken wohl mehr im Weg als mein Versuch, jemand anderes zu sein, als ich bin, und mich anders darzustellen, als ich nach Gottes Absicht sein soll.

Ich erfahre immer wieder überwältigend, wie er durch mich wirkt, obwohl – und gerade wenn – ich mich selbst als unfähig und schwach empfinde. Ich erlebe seine Stärke so erlösend und versöhnend, wenn ich meine falsche Absicht aufgebe, seine Rolle in meinem Leben auch noch mit zu übernehmen und unabhängig von ihm und an seiner Stelle in dieser Welt für ihn zu leben. Mein Problem ist wohl nicht meine Schwachheit an sich, sondern vielmehr die Art, wie ich damit umgehe.

Anfangs erwartete ich vom Glauben etwas ganz ›Neues‹ und ›Großes‹, das von meiner Wirklichkeit ablenken und mich in meinem Bedürfnis nach Bedeutsamkeit und Anerkennung als den ›Besten‹ bestätigen sollte. So war auch meine Vorstellung von dir und unserer Beziehung von der unrealistischen Projektion meiner eigenen Wünsche nach einer heilen Welt bestimmt. Ich hoffte, durch dich meine Grenzen zu überschreiten und von mir selbst, wie ich mich nicht leiden mochte, endlich loszukommen. Ich wollte mich loswerden und suchte dich, um mein Leiden an mir selbst zu vergessen. Aber was ich bei dir fand, war ich selbst – ganz anders und neu, aber genau als denjenigen, an dem ich vorher immer gelitten hatte. Hoffte ich eigentlich auf eine Frau, die durch ihre ›himmlische Vollkommenheit‹ mich in meinen Selbstzweifeln ein wenig aufwerten und hochheben sollte, so hast du *dein* Ziel gerade durch deine ›Menschlichkeit‹ erreicht – und mich dadurch auf den Boden zurückgeholt. War mir vorher das *Kreuz* Jesu missverstandenes – und missbrauchtes – Symbol für eigene Selbstverleugnung, männliche Selbstüberwindung und Leidensfähigkeit, so hast du mir das Symbol der unscheinbaren *Krippe* nahegebracht. »Das Wort ward Fleisch« – ein verletzlicher und sterblicher Mensch (Joh 1,14), ist die Botschaft, an die ich durch deine Liebe, deine Offenheit und Empfindsamkeit erinnert werde. Ich komme allmählich los von dem unrealistischen Zustand der Erwartungen zwischen Himmel und Erde. Ich will mit meinen beiden Füßen ganz auf der Erde stehen und dafür in meiner Liebe zu unserem himmlischen Vater umso konsequenter leben.

Durch deine Liebe zu Gott und zu mir zeigst du mir, wie viel Himmel es auf Erden geben kann, wenn ich nur bereit bin, mich zuerst ›in die Krippe zu legen‹ und nicht bei meinem gespielten Stark- und Erwachsensein als Selbstdarstellung anzufangen. Weil du in meiner Schwachheit an sich gar keinen Nachteil siehst, sondern eher die Möglichkeit für dich, mich zu ergänzen, beginne ich, mich zu öffnen. Weil ich feststelle, dass du gerade da, wo ich bereit bin, zu empfangen, am glücklichsten bist, habe ich den Mut, mich anzunehmen. Ich habe ja erreicht, worum ich mich gemüht habe, nämlich Zuneigung und Anerkennung. Ich bin einfach ›ich‹ – und das scheint der Liebe genug zu sein.

Das Geheimnis der Liebe Gottes und der deinen ist, dass sie mich am meisten inspiriert und motiviert, indem sie mich von der Notwendigkeit meiner Leistung gerade befreit. Keine Pflicht und kein Vorsatz motivieren mich so sehr wie die Tatsache, dass ich geliebt bin. Der stärkste Imperativ ist der Indikativ der Liebe! Ist mir das bewusst, dann kann ich mich wie Paulus selbst meiner Schwachheit rühmen. Ich bin nie so stark wie in den Situationen, in denen ich in meiner Schwachheit Gottes Kraft durch mich wirken lasse und mich deiner schenkenden und nehmenden Liebe öffne.

Im Gegensatz zu Paulus – der wohl an einer gesundheitlichen Einschränkung litt – ist mein ›Stachel‹ der Schmerz über mein Versagen in *der* Schwachheit, die ich nicht in der Liebe aufgehoben sein lasse. Ich hatte auf die Frau gehofft, die an meinen Eigenarten und meinem Versagen nicht so arg leidet, die gerade bei meinen Fehlern nicht so empfindlich ist. Nun bin ich davon überzeugt, in dir die richtige Frau gefunden zu haben. Du verstehst mich wie kein anderer zu nehmen, aber ich kann dich leider auch verletzen wie kein anderer, weil ich dir viel mehr bedeute als jeder andere. Du liebst mich, und du bist verwundbar – und beides zusammen wirkt entwaffnend. Den Menschen, der wegen seiner Liebe zu mir gegen mein Versagen am empfindlichsten sein muss, lässt Gott mir am nächsten sein. Der Stachel meines Versagens brennt bei jedem Schritt meiner Inkonsequenz und Lieblosigkeit in deinem Fleisch.

Damit ist mir die Lust an meiner Rücksichtslosigkeit, an meiner Verschlossenheit und Selbstdarstellung verleidet. Immer wenn ich es bei aller Einsicht doch nicht lassen kann, spüre ich deinen Schmerz und zucke selbst zusammen. Ich weiß, du bist bereit, mir zu vergeben, du leidest lieber an meinen Schwächen, als dass du ohne diesen Schmerz von mir getrennt wärst. Aber das macht meinen Schmerz noch schlimmer, macht mich im guten Sinne demütig und erinnert mich daran, dass Gottes und deine Liebe ein Geschenk sind. Hat Gott nicht auch unter meiner vorgespielten Stärke und falsch verstandenen Unabhängigkeit zu leiden?

Versteh mich richtig, ich bin gerne aus meiner selbstzufriedenen Isolation zu dir gekommen. Ich bin dankbar, dass Gott mich nicht auf meinem Weg der Selbstbezogenheit einfach weiterlaufen ließ. Es tut mir nur weh, dass du an mir leiden musst. Aber ich bin durch deinen Zuspruch zuversichtlich, dass du mich *›leiden magst‹* – und es liegt ja an mir, Gott und dir in eurer Liebe und Offenheit zu entsprechen!

»So will ich mich nun sehr gerne umso mehr meiner Schwachheit ›rühmen‹, damit die Kraft Christi bei mir wohne. Deshalb bin ich zufrieden und bejahe meine Schwachheiten ... Denn wenn ich schwach bin, dann bin ich stark« (2. Kor 12,9 f.).

WAHRE STÄRKE

So stark muss ich
erst einmal werden,
dass ich schwach sein kann,
ohne es als Schwäche
zu empfinden.

IN WAHRHEIT GELIEBT

Die Kraft zur Wahrheit
erhalten wir durch
die Stärke der Liebe.

Je mehr wir geliebt sind,
desto mehr können wir
uns selbst und
anderen gegenüber
wahrhaftig werden.

Denn wer könnte die
Wahrheit ertragen,
wenn er nicht in Liebe
gehalten würde?

Und wer wollte
die Wahrheit über
sich und sein Leben
länger verleugnen,
wenn er erfährt,
dass die Liebe
ihm selbst gilt –

und nicht nur den
Masken und Lebenslügen
seiner verzweifelten
Unwahrhaftigkeit.

1. Joh 4,9f.16f.

HIMMEL AUF ERDEN?

Es ist ein Geheimnis unserer Liebe, dass sich in unserem Zusammenleben nicht nur alles verdoppelt, sondern sogar vervielfacht. Das gilt sowohl für die Folgen unserer Inkonsequenz und unseres Versagens als auch für unser Glück, unseren Glauben an Gott und unsere Effektivität im Wirken für andere. So ist vieles, was ich einst mit der Ehe zu verlieren fürchtete, nicht nur erhalten geblieben, sondern hat sich potenziert. Dazu gehört vor allem die Freudigkeit, mich für Gottes Interessen und für andere Menschen einzusetzen, und die Bereitschaft, nicht den Himmel auf Erden zu erwarten, sondern ihn getrost in der Zukunft zu lassen und mich in der Gegenwart lieber auf die Gaben und Aufgaben zu konzentrieren, die mir von Gott für dieses Leben gegeben worden sind.

Um möglichst konsequent auf die Zukunft Gottes hin zu leben – in der es keine Tränen, keinen Tod, kein Leid und keinen Schmerz mehr geben wird –, schienen mir als Alleinstehendem ein rein vernunft- und willensbetonter Lebensstil und der Verzicht auf vorläufige Lebensinteressen die angemessenste Verhaltensweise zu sein. So wollte ich mich auf das Eigentliche konzentrieren, ohne durch Unwesentliches abgelenkt zu werden.

Mit unserer Liebe hat sich meine Liebe zu Gott und meine Vorfreude auf die Gemeinschaft mit ihm jedoch keineswegs verringert, sondern gesteigert, weil durch dich der Himmel anschaulich und vorstellbar wird. In unserem Einklang und in unserer Zuneigung geschieht etwas scheinbar Gegenläufiges. Einerseits wird durch unsere gegenseitige Zuwendung und unser Beschenken das Bedürfnis nach Nähe, Zärtlichkeit, Befriedigung und Anerkennung gestillt, und wir sind in diesem Erleben oft unendlich glücklich; andererseits bleibt aber gerade in der Erfüllung eine positive Sehnsucht, eine Ahnung von noch größerem Glück, die Hoffnung auf eine mögliche letzte Vollendung, der Vorgeschmack der vollkommenen Liebe.

Das Erleben des Schönsten auf Erden lässt den Himmel viel eher ahnen und begreifen als der Verzicht auf alles menschlich Erstrebenswerte. So wird auch das ›Neue Jerusalem‹ – in Steigerung und Überbietung des irdisch Wertvollsten und materiell Begehrenswertesten – als aus Gold, Edelsteinen und Perlen bestehend abgebildet, glanzvoller und faszinierender als alle Schätze dieser Welt (Offb 21,18 ff.). Der Himmel wird gewiss ganz anders sein als alles auf Erden Gekannte – aber er wird jedenfalls noch schöner, großartiger und herrlicher sein, als es die beglückendsten über sich selbst hinausweisenden Erfahrungen in dieser Welt ahnen lassen.

Es sind oft nur Augenblicke, in denen wir dieses tiefe Erleben haben, aber sie scheinen auszureichen, um uns die Erinnerung an die Zukunft Gottes im Bewusstsein zu halten. Oft genügt das Bewusstmachen des Erlebten, um in der Gleichgültigkeit und Mittelmäßigkeit des Alltags neu motiviert zu sein. Die Gebete dieser Stunden begleiten mich tagelang als Maßstab für mein Verhalten, die Worte aus der Bibel, die wir im Gespräch neu verstehen konnten, ermuntern mich in den Problemen und Strapazen meiner Aufgaben.

Selbst dann, wenn ich in falscher Weise bei dir den Himmel auf Erden als endgültiges Glück suchen will, selbst dann werde ich durch unsere gemeinsame Erfahrung noch gemahnt. Dabei ist es gleichgültig, warum ich unsere Beziehung gerade überfordere – aus Flucht vor der Wirklichkeit, aus Furcht vor meinen Aufgaben und meiner Verantwortung oder aus Unbehagen über mein ›Menschsein‹ mit Schwachheit und Grenzen überhaupt. Während das erfahrene Glück uns in unserem tiefen Bedürfnis nach letzter Erfüllung in Gott bestätigt, erinnern uns auch die Mittelmäßigkeit des Alltags, unsere Unzulänglichkeiten und unser Versagen daran, dass wir noch auf der Erde sind und hier noch manche Aufgaben und Entfaltungsmöglichkeiten haben.

Je weniger ich vom Himmel auf Erden träume, sondern bereit bin, mich für unsere Beziehung und für Gottes Anliegen in dieser Welt unter irdischen Bedingungen einzusetzen, desto intensiver erlebe ich eine Vorahnung vom Himmel in unserer Gemeinschaft. Du bist ›unvollkommen‹ genug, um mich nicht vom Himmel abzulenken; aber du bist vollkommen genug, um mich immer wieder an ihn zu erinnern!

DIE REINE LIEBE

Die vollkommene Liebe ist nicht die,
in der das eigene Ich nicht vorkommt,
sondern die, in der das Ich
im ausgewogenen Verhältnis
zum Du steht.

Nicht die selbstlose Liebe ist das Ideal,
sondern die Liebe,
in der das Selbst und der andere
miteinander im Einklang sind.

Die kostbarste Liebe ist nicht die,
die am meisten Überwindung kostet,
sondern diejenige, die
bei allem Loslassen und Geben
den Liebenden immer reicher macht.

So ist auch die reine Liebe
nicht eine Liebe, die
das eigene Glück gering schätzt,
sondern ein Glück,
das ohne Liebe nicht erklärbar wäre.

ICH HABE DICH VON JEHER GELIEBT

GOTT UND MENSCH IM SINNBILD DER EROTIK

So spricht Gott, der Herr, zu Jerusalem: ... Bei deiner Geburt war es so: Am Tag, als du geboren wurdest, wurde deine Nabelschnur nicht abgeschnitten; auch hat man dich nicht mit Wasser gewaschen zur Reinigung, dich nicht mit Salz abgerieben und nicht in Windeln gewickelt. Denn niemand sah mitleidig auf dich und erbarmte sich, etwas von all dem an dir zu tun; sondern du wurdest aufs freie Feld geworfen, weil man dein Leben nichts achtete an dem Tage, als du geboren wurdest. Da ging ich bei dir vorüber und sah dich in deinem Blut zappeln und sprach zu dir, als du so in deinem Blut dalagst: »Du sollst leben!« Ja, zu dir sprach ich, als du so in deinem Blut dalagst: »Du sollst leben und heranwachsen wie eine Blume auf dem Felde.« Und du wuchsest heran und wurdest groß und kamst in die Jugendblüte. Deine Brüste wuchsen, und dein Haar sprosste – aber du warst noch nackt und bloß. Da ging ich bei dir vorüber und sah dich an, und siehe, deine Zeit war da, die Zeit der Liebe. Ich breitete meinen Mantel über dich und bedeckte deine Blöße. Und ich band mich mit einem Schwur an dich und schloss mit dir einen Bund, spricht Gott, der Herr – und du wurdest mein (Hes 16,4-8).

Ich gehöre meinem Geliebten, und mein Geliebter gehört mir, der unter den Lilien weidet. Ich gehöre meinem Geliebten, und nach mir steht sein Verlangen (Hld 6,3; 7,11).

So spricht der Herr zu Jerusalem: Man soll dich nicht mehr nennen »Verlassene« und dein Land nicht mehr »Einsame«, sondern du sollst heißen »Meine Lust« und dein Land »Vermählte«; denn der Herr hat Lust an dir, und dein Land hat einen lieben Mann. Denn wie ein junger Mann eine junge Frau freit, so wird dich dein Erbauer freien, und wie sich ein Bräutigam freut über die Braut, so wird sich dein Gott über dich freuen (Jes 62,4 f.).

Wie ein Apfelbaum unter den Bäumen des Waldes, so ist mein Geliebter unter den Jünglingen. In seinem Schatten zu sitzen, begehre ich, und seine Frucht ist meinem Gaumen süß. Er führt mich in das Weinhaus, und sein Zeichen über mir ist Liebe. Er labt mich mit Rosinenkuchen und erquickt mich mit Äpfeln; denn ich bin krank vor Liebe. Seine Linke ruht unter meinem Kopf, und seine Rechte herzt mich. – Ich beschwöre euch, ihr Töchter Jerusalems, bei den Gazellen oder bei den Hirschkühen auf dem Felde, dass ihr die Liebe nicht aufweckt und nicht stört, bis es ihr selbst gefällt (Hld 2,3-7).

Alsdann, spricht der Herr, wirst du mich nennen »Mein Mann« ... [Denn] ich will mich mit dir verloben für alle Ewigkeit, ich will mich mit dir verloben in Gerechtigkeit und Recht, in Gnade und Barmherzigkeit. Ja, in Treue will ich mich mit dir verloben, und du wirst den Herrn erkennen (Hos 2,18.21 f.).

Gott, du bist mein Gott, den ich suche. Es dürstet meine Seele nach dir, mein ganzer Mensch verlangt nach dir aus trockenem, dürrem Land, wo kein Wasser ist. So schaue ich aus nach dir in deinem Heiligtum, wollte gerne sehen deine Macht und Herrlichkeit. Denn deine Güte ist besser als Leben; meine Lippen preisen dich ... Wenn ich mich zu Bette lege, so denke ich an dich, wenn ich wach liege, sinne ich über dich nach. Denn du bist mein Helfer, und unter dem Schatten deiner Flügel frohlocke ich. Meine Seele hängt an dir; deine rechte Hand hält mich (Ps 63,2-9).

Denn der Herr, dein Gott, ist bei dir, ein starker Helfer. Er wird sich über dich freuen und dir freundlich sein, er wird dir vergeben in seiner Liebe und wird über dich mit Jauchzen fröhlich sein (Zeph 3,17).

Lege mich wie ein Siegel auf dein Herz, wie einen Siegelring an deinen Arm. Denn stark wie der Tod ist die Liebe, und mächtig wie das Totenreich ist die Leidenschaft. Ihre Glut ist feurig und eine Flamme des Herrn. Auch große Wasser können die Liebe nicht auslöschen und Ströme sie nicht wegschwemmen. Gäbe einer auch allen Besitz seines Hauses für die Liebe, man würde ihn gering schätzen (Hld 8,6f.).

Der Herr ist mir erschienen von ferne: Ich habe dich von jeher geliebt, darum habe ich dich zu mir gezogen aus lauter Güte (Jer 31,3).

Lasst uns freuen und fröhlich sein und ihm die Ehre geben; denn die Hochzeit des Lammes ist gekommen, und seine Braut hat sich bereitet. Und es wurde ihr gegeben, sich anzutun mit schönem reinem Leinen. Das Leinen aber ist die Gerechtigkeit der Heiligen. Und er sprach zu mir: Schreibe: Glückselig sind, die zum Hochzeitsmahl des Lammes berufen sind. Und er sprach zu mir: Dies sind wahrhaftige Worte Gottes (Offb 19,7-9).[10]

DIE LIEBE ERKENNEN, DIE ALLE ERKENNTNIS ÜBERTRIFFT

Nur wenn wir uns
über alle Erkenntnis
und Vernunft
geliebt und
gehalten wissen,
haben wir die Kraft,
auch Unerklärliches
und Widersinniges
in unserem Leben
auszuhalten.

Eph 3,19

ABSCHIED

GEBET:

Herr, ich begreife noch gar nicht richtig, was geschehen ist. Sie ist nicht mehr da, und ich komme mir vor, als wäre ich selbst gestorben. Ich sehe mich selbst so distanziert; alles, was geschieht, beobachte ich aus Entfernung wie einen ablaufenden Film. Was ich je mit dem Leben verband, konzentriert sich in dem Gedanken an sie, in dem Bild von ihr, das ich ständig vor mir sehe.

Sobald ich mich gehen lasse, überfällt mich das Gefühl der Verzweiflung und Sinnlosigkeit. Es kommen mir nicht nur einzelne Fragen – Warum? Wozu? –, nein, es steht plötzlich *alles* infrage. Aber ich will mich nicht treiben lassen. Ich muss zurechtkommen – mit ihrer Abwesenheit, mit mir und eben auch mit dir.

Ich war es doch selbst, der zusammen mit ihr ständig betonte: »Wir gehören uns nicht, wir sind uns nur geliehen; unser Geheimnis ist, dass wir uns im Beschenken und Beglücken zugleich an Gott verweisen!« Jetzt erschrecke ich über die Tiefe und Bedeutung meiner eigenen Worte. Mein Gott, ich weiß, dass sie wahr sind – aber ich stehe noch davor wie vor einer Mauer. Ich muss meinen verkrampften und verzweifelten Griff lösen, und ich will es auch tun. Aber ich wehre mich noch – während ich zugleich schon mit dir rede. Sie gehört mir nicht, wie sie mir ja auch noch nie gehört hat. Du hast wieder zu dir genommen, was immer dein geblieben ist.

Ich muss aufpassen, dass mir mit ihr nicht alles entrinnt und verloren geht. Herr, ich will an dir festhalten, ich will nicht ausweichend nach einem Grund oder Zweck forschen – der Schmerz ist zu groß, als dass er durch irgendeine Begründung wegerklärt oder auch nur gelindert werden könnte. Wie sollte ein solcher Verlust durch Worte und Gedanken ausgeglichen werden? Ich erwarte auch keine alles versöhnende Antwort von dir. Dir selbst, Herr, und nicht irgendeinem tieferen ›Sinn‹ will ich mich anvertrauen, der du mir durch sie doch so groß geworden bist. In der Gemeinschaft mit ihr, in den Gebeten und Gesprächen, in allem, was wir in unserer Liebe an Zärtlichkeit und Hingabe genossen, erlebten wir letztlich auch dich als den Schöpfer und wurden dir gegenüber dankbar. Wir haben dich lieben gelernt, weil wir deine Liebe verstehen lernten.

Es ist diese Liebe, die mich jetzt tragen muss. Deine Liebe war es, die uns zusammenführte und uns aneinander und miteinander verwöhnte. Deine Liebe wollte beschenken und weckte damit Vertrauen und Zuversicht in uns. Herr, wenn du liebst, dann kostet es dich doch mehr Überwindung, wehzutun, als glücklich zu machen. Wenn du wirklich liebst, dann muss dein Nehmen ein noch größerer Ausdruck deiner Liebe sein, als es dein Geben schon war. Ich verstehe dich zurzeit nicht, aber ich will daran festhalten, dass ich es auch hier mit dir und deiner Liebe zu tun habe. Du hast dich mir doch nicht zugleich mir ihr entzogen?

Ich komme wohl eher weiter, wenn ich nicht bei mir stehen bleibe, sondern konsequent an sie denke. Ich wollte sie immer auf dich verweisen, dich auch ihr groß werden lassen, wie sie es für mich tat. Ich wollte sie glücklich sehen – und ich stelle mich heute diesem Wunsch. Du erinnerst dich besser als ich an all die gemeinsamen

Gebete mit ihr, in denen wir dich darum baten, dir und deinem Willen leben zu dürfen, dir und deiner Liebe immer mehr entsprechen zu können. Du hast unseren ständigen Wunsch gehört, dich zu erkennen, wie du wirklich bist, dir näherzukommen und endgültig einmal ganz bei dir sein zu dürfen – sei es durch dein Erscheinen oder jenseits unseres Sterbens.

Herr, wenn wir je etwas ernst meinten, dann waren es diese Gebete. Wenn wir je unser Leben genossen und unsere Liebe voll ausgekostet haben, dann war es in diesen Stunden, in denen wir ganz ›eins‹ waren und uns in diesem Einklang ganz mit dir verbunden wussten. Ich kann und will nicht abstehen von diesen Bitten. Du hast sie für sie jetzt erfüllt – wenn auch auf eine mir unerträglich erscheinende Weise. Bei dir ist sie, deren Bild mir von diesen Abenden her am deutlichsten bleibt. Du hast ihr jetzt das Glück geschenkt, das sie mit den Worten erbat, die mir noch in den Ohren klingen: »Herr, wir wollen *dich*!« Ich kann nicht mehr anders, ich muss sie jetzt loslassen. Ich sehe sie ihre Hand aus der meinen nehmen und zu dir gehen – nimm *du* sie auf, Herr, *dir* lasse ich sie!

Wenn es etwas gab, was mich auf dieser Welt hielt, dann war sie es, wie sie tröstete, aufmunterte und mich an dich erinnerte, wie sie schwach wurde und anfing, an ihren Fähigkeiten und ihrer Kraft zu zweifeln, wie sie Angst bekam, sie könnte in die Mittelmäßigkeit ihres Glaubens zurückfallen. Danke, du hast sie gehalten, jetzt ist all ihr Sorgen, ihr Leiden an aller Unzulänglichkeit und Vorläufigkeit vorbei und ihr Sehnen nach vollkommener Liebe erfüllt. Ich danke dir für sie! Sie war dein größtes Geschenk, das du mir während meines Lebens gemacht hast. Wie könnte ich dich, der du mir deine Liebe auf tausend Weisen des Gebens erwiesen hast, nun verlassen wollen, da ich dein Nehmen einmal nicht verstehe?

Für mich ist unser gemeinsames Sehnen noch nicht erfüllt. Ich bleibe noch, um weiter für dich in dieser Welt zu leben (Röm 14,7-9). Aber ich bin nicht allein, nicht so wie damals, bevor ich sie kennenlernte. Gewiss, auch damals wollte ich bald zu dir. Mich trieb aber wohl mehr die Unerfülltheit meines Lebens; ich wollte eher ›weg von hier‹ als ›zu dir hin‹. Es war weniger deine Liebe und Vollkommenheit, die mich zogen, als vielmehr die Aussicht auf Erlösung von mir selbst und meinem bisherigen Leben.

Auch wenn es mir im Moment sehr schwerfällt, bin ich bereit, noch zu bleiben, denn das, was ich jetzt ahne, gibt mir Kraft und befähigt mich, mein Leben mit deinen Augen zu sehen und in deinem Sinne zu gestalten. Du bist – mit all deinen Geschenken, aber nun vor allem auch jenseits von ihnen – wirklich selbst und persönlich mein Leben geworden (Phil 1,21-23). Nachdem sie nicht mehr da ist, mag ich gerade gar nichts mehr für mich außerhalb meines Herzens suchen, außerhalb meines Bewusstseins von dir und ihr.

Da ich um das Kostbarste und Schönste weiß, hat all das Vordergründige und Vorläufige seinen früheren Reiz verloren und erscheint mir so oberflächlich. Ich habe bei dir und durch sie viel, sehr viel gefunden und will nun – statt mich in meiner Trauer zu verlieren – lieber anderen Menschen bei deren Suche beistehen. So, wie mich ihre vorübergehende Abwesenheit für meine Aufgaben und meinen Glauben auch befähigt hat – und nicht nur ihre direkte Anwesenheit –, so will ich dies jetzt für mein weiteres Leben lernen; denn du bist unverändert bei mir, und sie lebt auch bei dir. Ich werde euch einst sehen. Ganz anders, aber wohl viel größer und noch schöner wird dann alles sein – auch wenn ich mir das gerade gar nicht mehr vorstellen kann. Sie wird nicht mehr meine Partnerin sein, weil wir dort alle mit dir so intensiv verbunden sein werden, wie wir zwei es waren.

Herr, ich will für mich nichts mehr, was mich nicht direkt oder indirekt mir dir verbindet, mich in meinem Leben mit dir bestärkt und mich für deine Interessen befähigt. Mir ist jeder Wunsch nach Unabhängigkeit und Trennung von dir verleidet. Deine Liebe hat mich auch Leiden gelehrt, denn nie empfand ich einen so großen Schmerz wie zurzeit; aber nie war ich erfüllter, wesentlicher und näher bei dir – und bei mir selbst! – als gerade in dieser Situation des Verlustes. Ich hätte es bisher für unmöglich gehalten, dass es während einer tiefen Trauer zugleich Geborgenheit und Vertrauen und mitten im Leiden zugleich ein Empfinden von Einklang und Übereinstimmung geben kann. Erhalte mir diesen ›Schmerz der Wesentlichkeit‹

und erinnere mich bitte an meinen Willen zur Konsequenz!

Danke für sie, danke vor allem für dich und deine Liebe! Ich will dir leben, ich will dich verstehen und dir gefallen! Sie war *dein* Wort an mich, Ausdruck *deiner* Liebe – und sie verwies und erinnerte an *dich*. Sollte ich euch das alles nun mit Verzweiflung und Mutlosigkeit danken? Herr, ich will *ihr* nicht länger *nachschauen*, sondern *euch entgegensehen!*

FAR AWAY

It's good to know
that my love's far away,
so I don't seek her anywhere
but in my heart.
You called her
and she did depart,
still strengthening me –
while I must stay.

WAS DU GABST

Was du gabst, sprach doch von dir –
als ein Ausdruck, nur ein Wort;
was mich stets an dich verwies,
nahmst du schweigend wieder fort.

Wenn ich dir vertrauen will,
warum hab ich mich gewehrt?
Kann ich denn vergessen, dass
deine Liebe leiden lehrt?

Warum zweifle ich an dir,
war, was ich verlor, nicht dein?
Mehr noch als dein Geben muss
auch dein Nehmen Liebe sein.

Wenn es deine Größe war,
die ich im Geschenk gesehn,
habe ich nur einen Wunsch:
dir gefallen, dich verstehn.[11]

ANMERKUNGEN

1 »Geschenk und Geber« – S. dazu »Ich habe dich von jeher geliebt«, S. 153–157.

2 »Geschenk und Geber« – S. 1. Tim 4,3-5; vgl. Röm 14,1-12; 1. Kor 7,2-6; 10,29-31; Kol 2,16-19.

3 »Treue« – S. zu »Anfechtung« Ps 13; 77; Mt 4,1-11 par.; Mk 14,32ff par.; 1. Kor 10,13; 1. Petr 1,6 ff.; Hebr 2,18; 4,15; Jak 1,2-4.12.

4 »Liebe deinen Nächsten wie dich selbst« – S. 3. Mose 19,18; Mt 22,39 par.; Röm 13,9; Gal 5,14; Jak 2,8.

5 »Lass dich trösten« – 2. Kor 5,20 nach J. Zink.

6 Als Lied abgedruckt in: H.-J. Eckstein, Fürchte dich nicht, ich bin bei dir. Liederbuch, Holzgerlingen 2005, 1.

7 »Von ganzem Herzen« – S. das Hohelied der Liebe 1. Kor 13,1-13; s. zum Gebot der Gottesliebe 5. Mose 6,4 f.; 10,12; Mk 12,28-34 par.; Joh 14,15-23.28.

8 »Wiederfinden« – S. 5. Mose 4,29; Ps 9,11; 34,5 ff.; Spr 8,17; Jer 29,13 f.; Sach 8,20 ff.; Mt 7,7 f.

9 »Jenseits meiner Fragen« – Als Lied abgedruckt in: H.-J. Eckstein, Fürchte dich nicht (s. Anm. 6), 4.

10 »Ich habe dich von jeher geliebt« – Vgl. zum Sinnbild auch Jes 54,5-10; Jer 2,2 f.; Hes 16,1-63; Mk 2,18-20 par.; Mt 22,2; 25,1-13; 1. Kor 6,14 ff.; 2. Kor 11,2; Eph 5,23-27; Offb 21,9.

11 »Was du gabst« – Als Lied abgedruckt in: H.-J. Eckstein, Fürchte dich nicht (s. Anm. 6), 9.

INHALT

DER AUTOR

Dr. Hans-Joachim Eckstein, geb. in Köln, ist seit 2001 Professor für Neues Testament an der Evangelisch-theologischen Fakultät der Universität Tübingen, zuvor an der Universität Heidelberg. Bis 1996 war er Pfarrer der Evangelischen Landeskirche in Württemberg im Hochschuldienst.

Vielen ist er durch seine vielfältigen Vorträge und Predigten sowie durch seine zahlreichen Veröffentlichungen und Gemeindelieder bekannt. Seine Bücher, die zu einem befreienden und lebensbejahenden Glauben einladen, sprechen durch ihren persönlichen und sprachlich gewinnenden Stil an.

Ob in Universitäts- oder Gemeindeveranstaltungen, ob in Sachbüchern oder in lyrischer und meditativer Literatur, Hans-Joachim Eckstein gelingt immer wieder der Brückenschlag zwischen Glauben und Denken, zwischen Universität und Kirche, zwischen Landeskirchen, Freikirchen und Gemeinschaften. Gerade mit seinen lyrischen und aphoristischen Texten spricht er zugleich auch viele Menschen an, die sich dem Glauben gegenüber bisher eher distanziert empfanden.

Für seine pädagogischen und didaktischen Fähigkeiten wurde dem Autor vom Land Baden-Württemberg der Landeslehrpreis verliehen. Für seine besondere Basis- und Gemeindenähe in Lehre, Publikationen und Beratung sowie für sein Brückenbauen zwischen wissenschaftlicher Theologie und Gemeindeglauben erhielt er den Sexauer Gemeindepreis für Theologie.

Er ist Synodaler der Evangelischen Landeskirche in Württemberg und Mitglied der Kammer für Theologie der Evangelischen Kirche in Deutschland.

Unter den fachwissenschaftlich-theologischen Veröffentlichungen des Autors siehe vor allem: »Kyrios Jesus. Perspektiven einer christologischen Theologie«, Neukirchen, 2. Aufl., 2011; »Der aus Glauben Gerechte wird leben. Beiträge zur Theologie des Neuen Testaments«, Münster, 2. Aufl., 2007; und »Verheißung und Gesetz. Eine exegetische Untersuchung zu Gal 2,15 – 4,7«, Tübingen 1996.

WEITERE BÜCHER VON HANS-JOACHIM ECKSTEIN

Ich habe meine Mitte in dir
Schritte des Glaubens
Hc., 128 S., Nr. 393.538, ISBN 978-3-7751-3538-2
Zu den Themen: Glaube und Alltagsbewältigung

Du liebst mich, also bin ich
Gedanken – Gebete – Meditationen
Hc., 160 S., Nr. 395.450, ISBN 978-3-7751-5450-5
Zu den Themen: Liebe und Persönlichkeitsentfaltung

Du hast mir den Himmel geöffnet
Perspektiven der Hoffnung
Hc., 176 S., Nr. 393.787, ISBN 978-3-7751-3787-4
Zu den Themen: Hoffnung und Lebensgestaltung

Himmlisch menschlich
Von der Stärke der Schwachheit
Hc., 160 S., Nr. 394.502, ISBN 978-3-7751-4502-2
Gedanken, Gedichte und Meditationen

Du bist Gott eine Freude
Glaubensleben – Lebenslust
Hc., 188 S., Nr. 395.505, ISBN 978-3-7751-5505-2
Gedanken, Gedichte und Meditationen

Du bist ein Wunsch, den Gott sich selbst erfüllt hat
Hc., 172 S., Nr. 395.421, ISBN 978-3-7751-5421-5
Gedanken, Gedichte und Meditationen

Glaube, der erwachsen wird
Hc., 128 S., Nr. 393.836, ISBN 978-3-7751-3836-9
Wenn der Glaube erwachsen wird, sucht er nach einer neuen, reifen Ursprünglichkeit, die zum Leben befähigt und den kritischen Rückfragen standhält.

Zur Wiederentdeckung der Hoffnung
Grundlagen des Glaubens 1
Hc., 144 S., Nr. 393.898, ISBN 978-3-7751-3898-7
Spannende theologische Entfaltungen des Evangeliums zu den Themen: Hoffnung und Auferstehung, Frage nach Gott, Evangelium und Rechtfertigung.

Glaube als Beziehung
Von der menschlichen Wirklichkeit Gottes
Grundlagen des Glaubens 2
Hc., 170 S., Nr. 394.458, ISBN 978-3-7751-4458-2
Einfühlsame Entfaltungen des Evangeliums laden zu einem befreienden und lebensbejahenden Glauben ein.

Wenn die Liebe zum Leben wird
Zur Beziehungsgewissheit
Grundlagen des Glaubens 3
Hc., 226 S., Nr. 395.180, ISBN 978-3-7751-5180-1
Zu den Themen: Glaube und Erfahrung, Gott und Christus »begreifen«, das Wesen der Liebe, Gerechtigkeit und Toleranz.

Gesund im Glauben
Grundlagen des Glaubens 4
Hc., 176 S., Nr. 395.290, ISBN 978-3-7751-5290-7
Neben Gesunden im Glauben zu den Themen: Kreuzestod Jesu, zu Vergebung, Gesetz und Evangelium, Gemeinde.